D1489476

DEDICATION PAGE

This entire page is reserved as a "Dedication Page" in the memory of your loved ones if you order **over 49 books**. There will be no extra charge for this service and **no S&H**. Price will be $6 per book. You will be providing the exact language of dedication in MS word in any language and may include a high resolution JPG picture. We will take care of the rest. Please allow 20 days for delivery within USA after full payment is received. Make payment using the link:

http://www.gita-society.com/donate

**This entire page may be used for dedication
All other materials will be removed**

"...Dr. Prasad, I am very interested in your translation of Gita. **Though I have many English translations, I think your translation is the best one.** So far, there are 5 versions in China, and I hope we could translate your "Gita" into Chinese too.   --- *Dr. Zhicheng Wang, Prof. of Philosophy.*

**Premier Modi receiving our
1909, 5 Stars Reviews Chinese Gita in China**

Read more about this picture at:
http://www.gita-society.com/pdf/china

THE BHAGAVAD-GITA

Excerpts from reviews:

"....There is hardly any good publication on Gita's teachings for children. Dr. Prasad has done a **remarkable work for the children**. This book is written in a lucid style using the tradition of story telling by grandparents. **It teaches Gita to children in a loving manner** and will be a good beginning of a long journey to adulthood. **I congratulate Dr. Prasad for his dedication."**

--- Dr. Ved P. Vatuk, Merath, India

"....your Gita helped me navigate through the difficult times I am going through. I have read couple of books on Gita but the way you have communicated the words of the Lord **has made a whole lot of difference to me and will to others."**

--- Harshad Sonar

" .... I would like to include the translation of the Gita by Dr. Ramananda Prasad in my site. I am interested in representing India fairly, and **I fear that the translation of the Gita by Sir Edwin Arnold that is distributed all over the net will do more to turn students away rather than introduce them fairly to the text...."**

--- Prof. Anthony Beavers, University of Evansville, Indiana.

"...I am very interested in your translation of Gita. Though I have many English translations, **I think your translation is the best one. So far, there are 5 versions in China,** and I hope we could translate your "Gita" into Chinese too. Could you grant the Chinese translation rights......"

--- Dr. Zhicheng Wang, Prof. of Philosophy,
Zhejiang University, Hangzhou (near Shanghai), P. R. China

"... Prasad's deft renderings are elegantly simple, easy to understand and unencumbered by long commentary. **An ambitious work that will be appreciated by all who study the Gita ... "**

---- Hinduism Today, USA

"... Explanations of the theory and philosophy of selfless service has been so beautifully expounded ...."

--- Prof. S. Tilak, Concordia University, Canada.

"**... More accurate than most other translations and rendered into modern prose,** this makes an excellent place to start with...."

--- Gsibbery, Baton Rouge, LA.

"...It is marked by simplicity, terseness, and clarity and is devoid of superfluity. This book is **refreshingly free from any sectarian slant.** Any serious reader of the Gita would find this book quite useful and rewarding ...."

--- Vedanta Kesari and Prabuddha Bharata, Magazines of Vedanta Society.

"...I personally find many translations tedious because of complex structure. **This translation is simply beautiful because it is beautifully simple..."**

--- Rev. Phil Buzzard, New York

THE BHAGAVAD-GITA

For Children and Beginners

Our publications are available worldwide from:

www.gita-society.com/freegita   absolutely free pocket gita in English
over 150,000 distributed.

www.amazon.com/dp/B006WSXLFU   Complete Gita for Kindle
www.amazon.com/dp/B00AOT0TZS   e-Gita for children on Kindle

Buy our Paperbacks: www.gita-society.com/books

www.createspace.com/4081723   **Gita for children in English and Hindi**
www.createspace.com/3940466   Economy edition Gita
www.createspace.com/4083660   Gita in Sanskrit-Hindi
www.createspace.com/4079329   Gita in English only
www.createspace.com/4019472   Gita with Sanskrit verses

Contact for purchase: www.gita-society.com/contactus

Support us by buying our books!

Presented With Best Wishes to:

From:

AIMS AND OBJECTIVES
of
The International Gita Society
(Formerly: American Gita Society)

Founded in 1984, the International Gita Society (IGS) is a registered, non-profit, tax-exempt, spiritual institution in the United States of America under Section 501(c) (3) of the IRS Code. Membership is free of charge and open to all. The Aims and Objectives of IGS include:

1. Publish and distribute, The Bhagavad-Gita in simple and easy to understand languages, to anyone interested in the Gita.

2. Spread the basic Non-sectarian Universal teachings of Shrimad Bhagavad-Gita and other Vedic scriptures in easy to understand languages by establishing branches of the Society in other countries.

3. Provide support and guidance in establishing Gita Study and Discussion (Satsang) Groups, including a free Gita correspondence course.

4. To provide inspiration, cooperation, and support to persons and non-profit organizations engaged in the study and propagation of Vedic knowledge.

5. To break the barriers between faiths, and establish unity of races, religions, castes, and creeds through the immortal non-sectarian teachings of the Vedas, Upanishads, Gita, Ramayana, as well as other major world scriptures to promote the Universal Brotherhood.

Readers interested in promoting the ideals of the

society in any way are invited to contact:

www.gita-society.com/contactus

The International Gita Society
511 Lowell Place
Fremont, CA 94536-1805 117, USA
Visit us: www.gita-society.com
www.gita4free.com

**This book is dedicated to all the children of the world
for their spiritual welfare and learning of the Vedic
wisdom as taught by Lord Krishna Himself.**

THE BHAGAVAD-GITA

(In English and Hindi)

For Children and Beginners

With Introduction, A Lucid, Simple English
Renditions of over 200 Simpler Gita Verses,
Illustrated With 26 Stories and 14 images.
Suitable For Children Grades 8th and
above as well as for the beginners.
A simple meditation technique
and mantras are included.

Ramananda Prasad, Ph.D.

INTERNATIONAL GITA SOCIETY, USA

Second revised Children Edition, 2015
Fifth (Paperback) Edition, 2012
First e-book edition, 2012
Fourth Edition, Second Printing, 2008
First (Pocket Paperback) Edition, 2008
First Children Edition, 2008
Fourth Revised and Enlarged Edition, 2004
First Hindi Edition, 2004
(Published by Motilal Banarsidass in India)
Free Pocket size editions, 2000-2012
Third Revised Edition, 1999
Third and other Printings, 1998
Second Revised and Enlarged Edition, 1996
(Published by Motilal Banarsidass in India)
First Edition, 1988

Writer: Ramananda Prasad, Ph.D.
Editors: Doret Kollerer for English
        Yashodhara Singh, Ph.D. for Hindi
Graphics and Consulting: Madhavacharya (Michael Beloved)

Editorial Board:

Sadhana Prasad, Kalavati Patel, Shyamala Raveendran, Reeta Raina, Sanjay Prasad, Usha Gupta, Jay Raina, Raj Raina.

A short note on pronunciation: "ā" is hard "a" sound as in Rāma. letter "a" in Sanskrit or Hindi words is soft "a" as in Albert. It is different from "ā" sound and is either not pronounced or pronounced very very softly.

Acknowledgment

We are grateful to Bhakta Umesh Modak (iskcondesiretree.net) and others for providing graphics.

After you have read and understood this book, read our 'Bluebook'
Order it for Free from: www.gita4free.com
OR
www.gita-society.com/hindipdf/englishbluebook.pdf
or listen in Audio:
www.gita-society.com/bluebook.mp3

THE BHAGAVAD-GITA
(For Children and Beginners)

NOTE: For better understanding, this scripture of the Bhagavad-Gita should be learned by the beginners with adult help.

INTRODUCTION

Jay: Grandma, I have a hard time understanding the teachings of the Bhagavad-Gita. Would you help me?

Grandma: Of course, Jay, I will be glad to. You should know that this holy book teaches us how to live happily in the world. It is an ancient holy book of Hindu Dharma (also known as Sanātana Dharma or Hinduism), but it can be understood and followed by people of any faith. The Gita has eighteen (18) chapters and a total of only 700 verses. Anyone can be helped by daily practice of only a few of its teachings.

The word 'Bhagavad' means God or The Supreme Lord, Bhagavān in Sanskrit. 'Gita' means song. Thus The Bhagavad-Gita means the Song of God or the Sacred Song, because it was sung by Bhagavān Shri Krishna himself.

Here is the introduction to the Gita:

In ancient times there was a king who had two sons, Dhritarāshtra and Pāndu. The former was born blind; therefore, Pāndu inherited the kingdom. Pāndu had five sons. They were called the Pāndavas. Dhritarāshtra had one hundred sons. They were called the Kauravas. Duryodhana was the eldest of the Kauravas.

After the death of king Pāndu, his eldest son, Yudhisthira, became the lawful King. Duryodhana was very jealous. He also wanted the kingdom. The kingdom was divided into two halves between the Pāndavas and the Kauravas. Duryodhana was not satisfied with his share. He wanted the entire kingdom for himself. He tried several evil plots to kill the Pāndavas and take away their kingdom. Somehow he took over the entire kingdom of the Pāndavas and refused to give it back without a war. All peace talks by Lord Krishna and others failed, so the big war of Mahābhārata could not be avoided.

The Pāndavas didn't want to fight, but they had only two choices: fight for their right because it was their duty or run away from war and accept defeat for the sake of peace and nonviolence. Arjuna, one of the five Pāndava brothers, faced this choice in the battlefield.

He had to choose between fighting the war and killing his most revered guru, who was on the other side; his very dear friends, close relatives, and many innocent warriors; or running away from the battlefield to be peaceful and nonviolent. The entire eighteen chapters of the Gita are the talk between confused Arjuna and his best friend, mentor and cousin, Lord Krishna---an incarnation of God---on the battlefield of Kurukshetra near New Delhi, India, about 5,100 years ago. This conversation was reported to the blind king,

Dhritarāshtra, by his charioteer, Sanjay. It is recorded in the great epic, Mahābhārata.

All lives, human or nonhuman, are sacred, and nonviolence or Ahimsā is one of the most basic principles of Hinduism. So when Lord Krishna advises Arjuna to get up and fight, this may confuse you about the principle of Ahimsā if you don't keep in mind the background of the war of Mahābhārata.

This spiritual talk between the Supreme Lord, Krishna, and His devotee-friend, Arjuna, occurs not in a temple, a lonely forest, or on a mountain top, but on a battlefield on the eve of a war.

Jay: This is an interesting story, Grandma. Can you tell me more?

Grandma: If you come to where I sit every evening, Jay, I will tell you the whole story, one chapter each day. Just make sure your homework is done and you have time to listen. If you agree, let's start tomorrow.

Jay: Thank you, Grandma. I'll be there to hear more.

CHAPTER 1
ARJUNA'S CONFUSION

Jay: I would like to know first how Lord Krishna and Arjuna happened to talk on the battlefield, Grandma.

Grandma: It came about in this way, Jay. The war of Mahābhārata was about to begin after peace talks by Lord Krishna and others failed to avoid the war. When the soldiers were gathered on the battlefield, Arjuna asked Lord Krishna to drive his chariot between the two armies so that he could see those who were ready to fight. Seeing all his relatives, friends, and soldiers on the battlefield and fearing their destruction, he became compassionate.

Jay: What does compassionate mean, Grandma?

Grandma: Compassion does not mean pity, Jay. That would be looking down on others as poor, pitiful creatures. Arjuna was feeling their pain and their unlucky situation as his own. Arjuna was a great warrior, who had fought many wars and was well prepared for the war, but suddenly his compassion made him not want to fight. He spoke of the evils of war and sat down on the seat of his chariot, his mind full of sorrow. He saw no use in fighting. He did not know what to do.

Jay: I don't blame him. I wouldn't want to fight either. Why do people fight, Grandma? Why are there wars?

Grandma: Jay, there are not only wars between nations, but quarrels between two people, quarrels between brothers and sisters, between husband and wife, between friends and neighbors. The main reason is that people are not able to let go of their selfish motives and desires. Most wars are fought for possession and power. But all problems could be solved peacefully if people could see both sides of the problem and work out an agreement. War should be the last resort. Our holy books say: One should not commit violence towards anyone. Unjustified killing is punishable in all circumstances. Lord Krishna urged Arjuna to fight for his rights, but not to kill needlessly. It was his duty as a warrior to fight a declared war and establish peace and law and order on earth.

We humans also have wars going inside all of us. Our negative and positive forces are always fighting. The negative forces within us are represented by the Kauravas and the positive forces by the Pāndavas. The Gita does not have stories in it to illustrate the teachings, so I will add some stories from other sources to help you.

Here is a story about negative and positive thoughts fighting each other that Lord Krishna Himself told to Arjuna in Mahābhārata.

1. Mr. Truthful

There once lived a great hermit, who was famous for telling the truth. He had taken a vow not to lie and was popularly known as "Mr. Truthful." No matter what he said, everyone believed him because he had earned a great reputation in the community where he lived and did his spiritual practices.

One evening, a robber was chasing a merchant to rob and kill him. The merchant was running for his life. To escape from the robber, the merchant ran towards the forest where the hermit lived outside the village.

The merchant felt very safe because there was no way the robber could find out where he was hiding in the jungle. But the hermit had seen the direction in which the merchant went.

The robber came to the hermit's cottage and paid his respects. The robber knew that the hermit would tell only the truth and could be trusted, so he asked him whether he had seen somebody running away. The hermit knew that the robber must be looking for somebody to rob and kill, so he faced a big problem. If he told the truth, the merchant would certainly be killed. If he lied, he would incur the sin of lying and lose his reputation. Any immoral act that may harm others is called sin. Ahimsā (nonviolence) and truthfulness are two most important teachings of all religions that we must follow. If we have to choose between these two, which one should we choose? This is a very difficult choice.

Because of his habit of telling the truth, the hermit said: "Yes, I saw someone going that way." So the robber was able to find the merchant and kill him. The hermit could have saved a life by hiding the truth, but he did not think very carefully and made a wrong decision.

Lord Krishna's purpose in telling Arjuna this story was to teach Arjuna that sometimes we have to choose between a rock and a hard place. Lord Krishna told Arjuna that the hermit shared with the robber the sin of killing a life.

The robber could not have found the merchant if the hermit had not told the truth. So when two noble principles conflict with each other, we have to know which one is the higher principle. Ahimsa has the highest priority, so the hermit should have lied in this situation to save a life. One may not tell a truth that harms a person in any way. It isn't easy to apply Dharma (or righteousness) to real life situations because what is Dharma and what is Adharma (or unrighteousness) can sometimes be very difficult to decide. In such a situation, expert advice should be sought.

Lord Krishna gave another example of a robber coming to a village to rob and kill the villagers. In this situation, killing the robber would be an act of nonviolence because killing one person may save many lives. Lord Krishna Himself, on several occasions, had to make such decisions to win the war of Mahābhārata and put an end to all the evil-doers.

Remember, Jay, do not tell a lie, and do not kill any living being or hurt anybody, but saving a life comes first.

Chapter 1 summary: Arjuna asked his charioteer friend, Lord Krishna, to drive his chariot between the two armies so that he could see the Pāndava's army. Arjuna felt great compassion to see his friends and relatives on the opposite side, whom he must kill to win the war. He became confused, spoke of the evils of war, and refused to fight.

CHAPTER 2
KNOWLEDGE OF GOD

Jay: If Arjuna felt so kind-hearted for everyone he was supposed to kill in the war, how could he go out and fight, Grandma?

Grandma: That is exactly what Arjuna asked Lord Krishna. He said: "How shall I strike my grandfather, my guru, and all other relatives with arrows in battle? They are worthy of my respect" **(Gita 2.04).**

(in Gita 2.04: 2 is Chapter number, 04 is Verse number)

Arjuna had a good point. In Vedic culture, gurus, the elderly, honorable persons, and all other superiors are to be respected. But the scriptures also say that anyone who acts wrongly or unlawfully against you or others, or anyone who supports such deeds, should no longer be respected, but punished.

Arjuna was confused about his duty and asked guidance from Lord Krishna. Lord Krishna then instructed him on the true knowledge of Ātmā and the physical body.

Jay: What is Ātmā, Grandma?

Grandma: Ātmā is also called the Spirit, or the soul. Ātmā is never born, never dies, and is everlasting. Our body takes birth and dies, but not Ātmā. Ātmā supports the body. Without Ātmā, the body becomes dead. Ātmā supplies the power to our body, mind, and senses, just as air burns and supports fire. Weapons cannot cut Ātmā, fire cannot burn it, wind cannot dry it, and water cannot make it wet. Therefore, we should not grieve over death of the body because the Ātmā inside the body never dies **(Gita** 2.23-24).

Jay: What is the difference between Ātmā (Spirit), soul, and body Grandma?

Grandma: One and the same Ātmā dwells inside all bodies. Our body changes with time. Our old-age body is different from our childhood body. But Ātmā does not change. Ātmā takes a childhood body, a youth body, and an old-age body during this life, then takes another body after death **(Gita** 2.13). The Sanskrit word Ātmā is translated as Spirit in English. Spirit is universal and all pervading. The English word spirit or soul also means the Spirit residing in individual bodies. In Sanskrit language, we call this individual soul Jivātmā or Jiva (also spelled as Jeeva). If Spirit is compared to a forest, the individual soul (spirit or Jiva) can be compared to the tree in the forest.

The body is called a garment of Ātmā. Just as we get rid of an old, worn-out garment and put on a new one, similarly, Ātmā gets rid of the old body and takes a new one after death. So death is like changing the garment of Ātmā **(Gita** 2.22). All beings are visible between birth and death; they can't be seen before birth or after death and remain in their invisible form **(Gita** 2.28). Therefore, we should not grieve over death of the body. We are not the body. We are Ātmā with a body. Death just means our soul passes from one body to another new body.

Jay: Then why did Arjuna grieve over deaths of loved ones on the battlefield? Why didn't he want to fight?

Grandma: Arjuna was a very tough warrior, Jay, but he wanted to run away from the horrors of war and lead an easy life of a Samnyāsi, a wandering hermit. Lord Krishna taught us to face the battle of life by giving Arjuna the beautiful science of KarmaYoga, the art of peaceful and prosperous living. Chapter 3 of the Gita tells us more about this. Arjuna was worried about the results of the war, but Lord Krishna asks us to do our duty without worrying too much about the results, such as gain and loss, victory and defeat, success and failure. If you are constantly worried about the results of your studies, you will not be able to put your heart and soul into them for fear of failure.

Jay: But Grandma, how could Arjuna fight his best if he wasn't fighting to win and gain something?

Grandma: Arjuna must fight to win, but he should not weaken his will by worrying about the result while he is fighting. He should put all his attention and energy into every minute of the fight. That energy is what will bring the greatest result.

Lord Krishna tells us that we have full control over our action, but no control over the results of our action **(Gita** 2.47). Harry Bhalla says: A farmer has control over how he works his land, yet no control over the harvest. But he cannot expect a harvest if he does not work his land with best effort and with tools he has.

We should do our best at the present moment and let the future take care of itself.

Jay: Could you tell me more about the secret of success as told by Krishna to Arjuna?

Grandma: We should be so completely absorbed in work or study as to become unaware of everything else, even of its results. To achieve the best results from what we do, we should be focused on the action with undivided attention.

Action should be done sincerely without worrying about its results. The results of the action will be greater if we put all attention and energy into the action itself and do not allow our energy to be diverted by thinking of results. The result will depend on energy put into action. We are asked not to worry about results during the course of action. This does not mean that we should not care about results. **But we should not expect only positive results all the time.**

The secret of living a meaningful life is to be very active, and do our best without thinking of our own selfish motives or even the results. A Self-realized person works for the good of all.

Jay: What is a Self-realized person like, Grandma?

Grandma: A Self-realized person is a perfect person, Jay. Lord Krishna tells us the mind of a perfect person is not shaken by difficulties, does not run after pleasures, is free from fear, desire, greed, and attachment, and has control over mind and senses **(Gita** 2.56). A Self-realized person does not get angry, is peaceful and happy.

Jay: How can we keep from getting angry, Grandma?

Grandma: We get angry if our desire is not fulfilled **(Gita** 2.62). So the best way to control anger is to control or limit our desires. We should not want too many things. Desires begin in the mind, so we should control our mind. If we don't control our mind, we drift like a ship without its rudder. The desire for pleasure takes one to the dark alley of sin, gets us in trouble, and prevents our progress **(Gita** 2.67). As a student, you should set a higher goal for yourself than pleasure. Put forth your best effort and concentrate on your studies.

Arjuna was a very good example of such concentration. Here is a story about him.

2. The Graduation Test

Guru Drona was the military teacher for both the Kauravas and the Pāndavas. At the end of their military training came final examination time. Drona put a wooden eagle on the branch of a nearby tree. Nobody knew it was just a doll. It looked like a real eagle. To pass the graduation test, every one of the students was supposed to cut off the eagle's head with one arrow.

Guru Drona first asked Yudhisthira, the eldest of the Pāndavas: "Get ready, look at the eagle, and tell me what you are seeing."

Yudhisthira replied: "I see the sky, the clouds, the tree trunk, the branches, the leaves and the eagle sitting there"

Guru Drona was not very pleased with this answer. He asked the same of all the students, one by one. Every one of them gave a similar answer. Then came Arjuna's turn for the test.

Drona asked Arjuna: "Get ready, look at the eagle, and tell me what you are seeing."

Arjuna replied: "I only see the eagle and nothing else"

Drona then asked a second question: "If

you are seeing the eagle, then tell me how strong is its body and what is the color of its wings?"

Arjuna replied: "I am only seeing its head and not the entire body."

Guru Drona was much pleased with Arjuna's answer and asked him to go ahead with the test. Arjuna easily cut off the head of the eagle with one arrow because he was concentrating on his aim with a single mind. He passed the test with flying colors.

Arjuna was not only the greatest warrior of his time, but also a compassionate KarmaYogi. Lord Krishna chose Arjuna as a medium to impart the knowledge of the holy Gita.

We all should follow the example of Arjuna. **Read the Gita and do your duty**. Be like Arjuna. "Arjuna Bano, Arjuna Bano," my dear grandson! Whatever work you do, do it with single-minded attention and put your whole heart and mind into it. This is the main theme of KarmaYoga of the Gita and the secret of success in anything you do.

A word for the youth from Swami Vivekananda:

"Whatever you are doing, put your whole mind on it. If you are shooting, your mind should be only on the target. Then you will never miss. If you are learning your lessons, think only of the lesson. In India boys and girls are taught to do this".

Chapter 2 summary: Lord Krishna taught us, through Arjuna, the difference between Ātmā and body. We are Ātmā with a body. Ātmā is unborn and indestructible. One and the same Ātmā dwells inside all bodies, human or nonhuman. Thus we are all connected with each other. We should do our duty to the best of our ability without worrying about success or failure. We must learn from our failures and go forward without letting our failures defeat us. To become a perfect person, we need to control or limit our desires.

CHAPTER 3

KARMA-YOGA, THE PATH OF SOCIAL SERVICE

Jay: Why do we have to control our desires, Grandma?

Grandma: When you choose wrong behavior for sense enjoyment, you also choose its results. That is why work has to be done for the welfare of all and not just to satisfy your desires or for personal gain. One who practices KarmaYoga is called a KarmaYogi. A KarmaYogi finds the right way to serve and turns her or his work into worship. In KarmaYoga, no work is more important or less important than other work.

Jay: Uncle Hari left his family and home and went to an Ashram last year to find God. Do we have to leave home to seek God?

Grandma: No, we do not. In the Gita, Lord Krishna has given us different paths to God-realization. The path you choose depends on your individual nature. In general, there are two types of people in the world: the inward (or studious, introvert) type and the outward or active type. For the introvert like Uncle Hari, the path of spiritual knowledge is best. Followers of this path go to a spiritual master or a guru where they study Vedic scriptures under proper guidance. In this path, we learn who we are and how we can lead a happy and peaceful life.

Jay: Do we have to read all the scriptures to understand and find God?

Grandma: There are many scriptures in our religion, such as the 4 Vedas, 108 Upanishads, 18 Purānas, Rāmāyanas, Mahābhārata, various Sutras and many others. Reading all of them would be a difficult task. But Lord Krishna has given us everything we need to know about God in the Gita. The Gita has the essence of all the Vedas and Upanishads for the modern time.

Jay: Uncle Puri is a farmer and has no interest in studying the Gita. He says the Gita is difficult and not for common people like him. So how can Uncle Puri realize God?

Grandma: Uncle Puri should follow the second path, the path of KarmaYoga that is described in this chapter of the Gita. This is the path of duty or selfless service. This path is better for most people who work hard to support a family and have no time or interest to read scriptures. Followers of this path do not have to leave work and go to an Ashram. They give up selfish motives and do all work for the greater good of society, instead of just for themselves.

Jay: But people will work harder if they have selfish motives, won't they, Grandma?

Grandma: It is true that people may earn more if they work for selfish gain, but they will not find permanent peace and happiness. Only those who do their duty selflessly for the good of all people will find real peace and satisfaction.

Jay: If people don't work for personal gain, will they still do their best and not become lazy?

Grandma: A true KarmaYogi works hard even without personal gain. Only the ignorant work just for personal gain. The world runs smoothly because people do their duty. Parents work hard to support their family, and the children do their part. Nobody can remain inactive or idle all the time. Most people engage in some activity and do what they can. Brahmā, the creator, gave his first teaching to humanity when he said: Let all of you progress and prosper by helping each other and by doing

your duty properly (**Gita** 3.10-11).

Jay: What happens if people work hard just for their own benefit?

Grandma: They commit sin, Jay. It is wrong to perform any action selfishly without considering its effect on others. Lord Krishna calls such a person a thief, useless, and sinful (**Gita** 3.12-13). We should never live and work just for ourselves. We should help and serve each other.

Jay: What does a person gain who follows the teaching of Lord Brahmā and works for the good of the society?
Grandma: Such a person attains peace and success in this life, reaches God, and does not take birth again on this earth.

Here is a true modern story of how selfless service, discussed in Chapter 3, works wonders in life.

3. Sir Alexander Fleming

A poor Scottish farmer one day, while trying to make a living for his family, heard a cry for help coming from a nearby swamp. He dropped his tools and ran to the bog. There, sunk to his waist in the swamp, was a terrified boy, screaming and struggling to free himself. Farmer Fleming saved the lad from what could have been a slow and terrifying death.

The next day, a fancy carriage pulled up to the Scotsman's simple home. A well dressed nobleman stepped out and introduced himself as the father of the boy that Farmer Fleming had saved.

"I want to thank and repay you," said the nobleman. "You saved my son's life."

"I can't accept payment for what I did," the Scottish farmer replied, rejecting the offer.

At that moment, the farmer's own son came to the door of the family hovel.

"Is that your son?" the nobleman asked.

"Yes," the farmer replied proudly.

"I'll make you a deal. Let me provide him with the level of education my own son will enjoy. If the lad is anything like his father, he'll no doubt grow to be a man we both will be proud of."

And that he did. Farmer Fleming's son attended the very best schools and in time graduated from St. Mary's Hospital Medical School in London and went on to become known throughout the world as the noted Sir Alexander Fleming, the discoverer of Penicillin.

Years afterward, the same nobleman's son who was saved from the swamp was stricken with pneumonia. What saved his life this time? Penicillin.

The name of the nobleman? Lord Randolph Churchill.

His son's name? The famous Sir Winston Churchill.

Someone once said: **What goes around comes around.** This is the universal law of Karma, the law of cause and effect. Help fulfill someone's dream, and your dream shall be fulfilled too by the Lord!

Jay: Please give me more examples of true KarmaYogis, Grandma.

Grandma: You have read the story of Rāmāyana. Lord Rāma's father-in-law was Janaka, the King of Janakpur in the state of Bihar, India. He attained God by serving his people as his own children, selflessly and without attachment to the results of his action. He did his duty as worship of God. Work done without any selfish motive, as a matter of duty, becomes worship of God because it helps God run the world.

Mahātmā Gandhi was a true KarmaYogi, who worked selflessly all his life without any personal motive, just for the good of society. He set an example for other world leaders to follow. There are many other examples of selfless persons.

Jay: Is that how our leaders should work?

Grandma: Yes, a true KarmaYogi shows by personal example how to lead a selfless life and attain God by following the path of KarmaYoga (**Gita** 3.21).

Jay: If I want to become a KarmaYogi, what do I have to do?
Grandma: KarmaYoga requires doing our duty in life the best we can, unselfishly, without attachment to the results of our work. A KarmaYogi remains calm in both success and failure and has no likes or dislikes for any person, place, object, or work. Work done as selfless service for the welfare of humanity produces no good or bad Kārmic bondage and leads one to God.

Jay: It would be hard to work without wanting something personally from it. How do we do this?

Grandma: Spiritually ignorant persons work just for themselves. The wise work for the welfare of all. The ignorant work to enjoy the result of their labor and become attached to it because they think they are the doer. They do not realize that all work is done by the power supplied to us by God. With the power to do our duty and the intellect to choose between right and wrong action, we become responsible for our actions. People act wrongly because they don't use their intellect and don't think of the results of their action on others.

The wise offer all their work to God with no selfish desire of their own. The ignorant work only to fulfill their personal desires (**Gita** 3.25).

Jay: Can a common person like me do what great people like King Janaka and Mahātmā Gandhi have done?

Grandma: With a little effort, anybody can follow the path of KarmaYoga. Think of whatever work you are doing as your gift to society. If you are a student, your duty is to attend school, do your homework, respect your parents, teachers, other elders, and help your brothers, sisters, friends, and classmates. In student life, prepare yourself to be a good, productive citizen by getting a good education.

Jay: What kind of work should I do when I graduate, Grandma?

Grandma: <u>Choose the work that you like and can do well. The work should be suited to your nature (Gita 3.35, 18.47).</u> If you choose work for which you don't have a natural skill or attraction, your chances of success are limited. You know what you can do best. Trying to be someone you're not is the greatest cause of failure and unhappiness.

Jay: But shouldn't I try to find good work, like engineering, teaching, or government service?

Grandma: There is no such thing as good or bad work. All types of workers are needed to keep society running. Some work pays more than others, but higher paying jobs are usually more difficult and stressful if you are not qualified for them. If you are qualified for a lower paying job, lead a simple life and avoid unnecessary items. A simple life means not desiring too many material things. Limit yourself to the basic needs of life. Keep your desires under control. Lord Buddha said: Selfish desire is the cause of all evils and misery.

Jay: Is selfish desire the reason why people do bad things?

Grandma: Yes Jay, our selfish desire for enjoyment is the cause of all evils. If we don't control our desires, our desires will control us, and we will become the victims of our own desires. Control your wants because whatever you want, wants you also!

Jay: Then are all desires bad?

Grandma: No, all desires are not bad. The desire to serve others is a noble desire. The desire to enjoy pleasures is bad because it leads to sinful and illegal activities. Always remember that desire never ends after you get what you want. It just leads to new desires and creates greed. And if you don't get what you want, you feel angry. People do bad things when they are angry.

Jay: How can we control our desire for pleasures?

Grandma: One way is by the knowledge given in the Gita and by the power of thinking. Before you act to fulfill your desire, always think first of the results of that action. Desires start in the mind and stay there. You can control your mind by intellect and reasoning.

When you are young, your mind becomes dirty just as the clear water of a pond becomes muddy during the rainy season. If your intellect doesn't control your mind, your mind will run after sense pleasures. This will keep you from achieving the higher goals of life. So set a high goal in life to keep your mind from getting dirty by sensual pleasures like smoking, alcohol, drugs, and other bad habits. Bad habits are very hard to get rid of, so avoid them to start with. Always keep good company, read good books, avoid bad people, and think of the long-term result of your actions.

Jay: Since we know right from wrong, Grandma, why can't we just avoid doing wrong?

Grandma: If we don't control our mind, it will try to weaken our will and take us for a ride to the wrong road of sensual pleasures. We have to watch our mind and keep it on track.

Chapter 3 Summary: Lord Krishna mentioned two major paths to peace and happiness in life. The path chosen depends on the individual. It is easy for most people to follow the path of KarmaYoga, the path of selfless service. To help each other is the first teaching of the creator. This keeps society going and progressing. We should all do our duty to the best of our ability. Choose the career best suited to your nature. No job is small. It's not what you do, but how you do it that is important. Finally, Lord Krishna tells us we must control our desire for pleasures. Uncontrolled desires for pleasure lead us to failure and suffering in life. We must think about the results of an action before taking it up. Avoid bad company at all costs.

CHAPTER 4
THE PATH OF RENUNCIATION
WITH SELF-KNOWLEDGE

Jay: The Gita reports what was spoken on the battlefield, but who wrote it, Grandma?

Grandma: The teachings of the Gita are very old. They were first given to the Sun-god in the beginning of creation by Lord Krishna. Over time, this knowledge got lost. The Gita in its present form is the teaching by the Supreme Lord, Krishna, to Arjuna about 5,100 years ago.

Jay: So is Lord Krishna the author of the Gita?

Grandma: Yes, Lord Krishna is the author of the Gita. It was put together by sage Vayāsa who also edited the four Vedas. Sage Vayāsa had the power of recalling events of the past and future, but he could not do the work of both composing as well as writing it down. He needed a helper to write the Mahābhārata. Lord Ganesha, the lord of wisdom, offered to do the work of writing.

The Gita was first translated from the original Sanskrit poetry to Sanskrit prose and fully explained in Sanskrit by great guru Adi Shankarāchārya in the year 800 A.D.

Jay: Why is Lord Krishna so important?

Grandma: Lord Krishna is considered the eighth incarnation of the Supreme God.

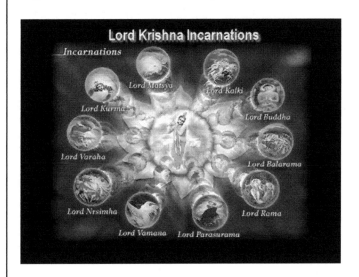

The Supreme God comes to earth in different forms from time to time whenever the forces of evil try to disturb and destroy the world peace. Lord comes to set everything right (**Gita** 4.07-08). He also sends prophets and teachers to help mankind. His birth and activities are divine and each incarnation (Avatāras) has a purpose. The Shrimad Bhāgavatam (or the Bhāgavad-Purāna) gives details of all ten major Avatāras of God. All saints and sages of other religions are also considered minor incarnations of God. At the end of the present time period, known as KaliYuga, the Kalki incarnation will happen in the very distant future.

Jay: Will Lord Krishna give us whatever we want in prayer or worship?

Grandma: Yes, Lord Krishna will give what you want (**Gita** 4.11), such as success in your study, if you worship Him with faith. People may worship and pray to God by using any name and form of God. The form of God is called deity. One can also worship God without the help of a deity.

Jay: Will we still have to study if we want to do well in examinations?

Grandma: Yes, you must do the work. Do your best and then pray. The good Lord will not work for you. You will have to do your own work. Your work should be free from selfish desires, and you should not hurt anybody. Then you will not earn any Karma.

Jay: What is Karma, Grandma?

Grandma: The Sanskrit word Karma means action. It also means the results of an action. The word Karma is most commonly mispronounced as Karmā. Every action produces a result called Karma, which can be good or bad. If we do our work only to enjoy the results ourselves, we become responsible for the results. If our action harms anyone, we get bad Karma, called sin, and we will have to suffer in hell for it. If we do good to others, we earn good Karma and get rewarded by a trip to heaven.

Our own Karma is responsible for our rebirth to enjoy or suffer the results of our deeds. Karma is like depositing money in the form of good and bad action in the bank. We do not take birth when all our Karma, good or bad, is used up. This freedom from the cycles of birth and death is called liberation, Nirvāna, Moksha or Mukti. In Mukti one becomes one with God.

Jay: How can we avoid Karma when we live and work in society?

Grandma: The best way not to earn any Karma is not to do anything just for yourself, but do it for the good of society. Always keep in mind that Mother Nature does everything; we are not the real doer of any action. If we

strongly believe this and work as a servant of God, we will not earn any new Karma, and all our past Karma will be wiped out by Spiritual knowledge. When all Karma is used up, we become liberated. This method of uniting with God is called the path of selfless action (KarmaYoga).

Jay How do we get rid of the Karma from our past lives?

Grandma: A very good question! True knowledge of the Self (or God) acts like fire that burns away all Karma from our past lives (**Gita** 4.37). Selfless service (KarmaYoga) prepares one to receive Self-knowledge. A KarmaYogi automatically gets Self-knowledge in due course of time (**Gita** 4.38). One who has true knowledge of the Self or God is called a Self-realized or a God-realized person.

Jay: Are there other ways to get liberation, Grandma?

Grandma: Yes, Jay, there are different methods or ways to reach God. These methods are called spiritual practices or Sādhanā. Any action that is beneficial to society is also called Yajna, Sevā or sacrifice. Different types of Yajna are: (1) giving money as charity for a good cause, (2) doing meditation, worship and yogic exercises, (3) reading the scriptures to gain knowledge of God, and (4) having control over the mind and other five senses (**Gita** 4.28).

Lord is pleased by those who sincerely perform any one of these Yajna and gives them the gift of Self-knowledge to reach God. Such a person becomes happy and peaceful (**Gita** 4.39).

Jay: How about those who just worship a deity everyday? Can they also reach God?

Grandma: Yes, those who worship the deity with full faith also get whatever they want (**Gita** 4.11-12). Most Hindus worship God in the form of a chosen deity to fulfill their desires.

This path is known as path of worship and prayer. There is a story in the Mahābhārata of a devoted KarmaYogi and an ideal student who worshipped his guru and got what he wanted.

4. Ekalavya, the Ideal Student

Guru Dronāchārya (or Drona) was the military teacher (guru) appointed by grandfather Bhishma for all the Kaurava and Pāndava brothers. Many other princes also took military training under him. Drona was very much pleased by Arjuna's personal service and devotion to him, and he promised him: "I will train you to be the best archer in the world."

One day a very gentle boy named Ekalavya from a nearby village came to Drona and wanted to learn archery from him. He had heard from his mother about master archer Dronāchārya, who was the son of the sage Bhāradvāja and a disciple of sage Parashurāma.

Ekalavya was a jungle boy, belonging to the hunters' community. Then, and even today, such communities were considered socially inferior. Drona was worried how he could teach a jungle boy along with the royal children. So he decided not to keep the boy with him there, and told him: "Son, it will be very difficult for me to teach you. But you are a born archer. Go back to the forest and practice well with deep interest. You too are my disciple. May you master archery as you wish!"

Drona's words were a great blessing to Ekalavya. He understood his helplessness and felt confident that the Master's good wishes were with him. He made a clay idol of Dronāchārya, installed it in a nice place, and began to worship it respectfully by offering flowers, fruits, etc. He worshipped this idol of his guru everyday, practiced the lessons in archery in the Master's absence, and mastered the art.

Ekalavya would get up early in the morning, bathe himself and offer worship to the master's idol. He cherished the words, actions, and training methods of Drona that he had seen at guru Drona's Ashram. He faithfully followed the instructions and continued his practice.

While Arjuna had personally mastered archery from Drona, learning from him firsthand, Ekalavya achieved equally impressive skill while worshiping the Master from far away. If he could not do a particular technique, he would rush to Drona's image, present his problem and meditate until a solution appeared in his mind. He would then proceed further.

The story of Ekalavya demonstrates that one can achieve anything in life if one has faith and works sincerely to reach the goal. The story continues:

The Kaurava and Pāndava princes once went to the forest on a hunting trip. Their leading dog was running forward. Ekalavya, a dark-skinned young man dressed in a tiger skin and wearing strings of conch-beads, was engaged in his practice. The dog, on approaching him, began to bark. Probably wishing to show off his skill, Ekalavya sent down a series of seven arrows in the direction of the barking dog, and his arrows filled its mouth. The dog ran back to the princes, who were surprised at this skill in archery and wondered who the archer was.

Arjuna, seeing this, was not only surprised but also worried. He wanted to be known as the world's best archer.

The princes went in search of the archer who had hit their dog with so many arrows in such a short time, and found Ekalavya.

Arjuna said: "Your skill in archery is great. Who is your guru?"

"My guru is Dronāchārya," replied Ekalavya humbly.

Arjuna was shocked at the mention of Drona's name. Was this true? Could his dear teacher teach so much to this boy? If so, what about the Master's promise to him? When did Drona teach the boy? Arjuna had never seen Ekalavya before in his class.

When Drona heard this story, he remembered Ekalavya and went to see him.

Drona said: "Your learning has been

very good, son. I am deeply satisfied. With devotion and practice, you have done very well. May your achievement become an example for all to follow."

Ekalavya was very happy and said: "Thank you, O Gurudeva! I too am a disciple of yours. Otherwise, I do not know whether I could have done this much."

Drona said: "If you accept me as your Master, you must pay my fee after your training. Think it over."

Ekalavya smilingly replied: "What is there to think over, Sir? I am your disciple, and you are my guru. Please say what you wish, Sir. I will fulfill it even if I have to sacrifice my life in the effort."

"Ekalavya, I have to demand a supreme sacrifice from you to fulfill my word to Bhishma and Arjuna that nobody would ever equal Arjuna in archery. Pardon me, son! Can you give me the thumb of your right hand as my fee?"

Ekalavya stared at Dronāchārya for a while. He could understand the Master's problem. He then stood up, walked to the Drona's idol with determination, placed his right thumb upon a stone, and cut it off in an instant, using his left hand and an arrow.

Drona, while feeling sorry for the injury he had caused Ekalavya, was at the same time deeply touched by such great devotion. He hugged him saying: "Son, your love for guru is unmatched. I feel a sense of fulfillment in having had a disciple like you. May God bless you!"

Ekalavya got victory in defeat! With the right thumb gone, he could no longer use the bow effectively. But he continued his practice using his left arm. By virtue of his supreme sacrifice, he received the grace of God and achieved distinction as a left-handed archer. He proved that nothing could stop a totally sincere effort. By his actions and behavior, Ekalavya, showed that your inferior or superior status is not determined by the community you belong to but by your vision and qualities of mind and heart.

Drona was a great guru, Jay. But there are many false gurus in the world who will try to cheat you.

Jay: Do we need a guru to reach God?
Grandma: We definitely need a teacher to learn any subject, spiritual or material such as music, science, Algebra. But to find a real guru or a spiritual guide is not so easy. There are four types of gurus: the knower of a subject or a teacher (guru), a false guru, a SadGuru and a ParamaGuru. There are many false gurus who just pose as a guru. SadGuru is a God-realized master and is very hard to find. Lord Krishna is called the JagadGuru or ParamaGuru, the world-teacher.

When you graduate from a college and enter family life, you will need to find a real Guru or a true spiritual guide. Be very careful in choosing a Guru.

Chapter 4 summary: Lord comes to earth from time to time in a life-form to set things right on the earth. The Lord fulfills the desires of those who worship Him. There are four types of spiritual practices or Yajna. Both selfless service and Self-knowledge free the soul from the bondage of Karma. The Lord gives Self-knowledge to those who do selfless service. Self-knowledge burns all our past Karma and frees us from the wheel or cycles of birth and death.

CHAPTER 5
THE PATH OF RENUNCIATION

Jay: Previously, you mentioned two paths. Which path is better for most people, Grandma, the path of spiritual knowledge or the path of selfless service?

Grandma: A person who has the true knowledge of God believes that all work is done by the energy of Mother Nature and he or she is not the real doer of an action. Such a person is called a Samnyāsi or renunciant and has Self-knowledge.

A KarmaYogi works without a selfish motive for the fruits of work. KarmaYoga prepares one to receive Self-knowledge **(Gita** 4.38, 5.06). Self-knowledge leads to renunciation. Thus selfless service or KarmaYoga forms the basis of renunciation (Samnyāsa). Both paths finally lead to God. Lord Krishna considers KarmaYoga the better of the two paths because it is faster and easier for most people to follow **(Gita** 5.02).

Jay: Doesn't the word renunciation usually mean leaving worldly possessions and living in an Ashram (monastery) or in a lonely place?

Grandma: The word Samnyāsa in the strict sense means renouncing (or giving up) all personal motives, worldly possessions and objects. But it also means living in society and serving society by doing one's duty without any personal motive. Such a person is called Karma-Samnyāsi.

Some spiritual leaders, such as Adi Shankarāchārya, consider the path of renouncing all worldly possessions as the highest path and the goal of life. He himself became a Samnyāsi when he was a young boy.

Lord Krishna says: "An enlightened person or a Samnyāsi (or hermit, one who has given up all personal motive) sees the Lord in all. Such a person looks at a learned person, an illiterate person, the rich, the poor, an outcast, even a cow, an elephant, or a dog with an equal eye." **(Gita** 5.18).

I am going to tell you the story of a great spiritual leader, hero, guru, Samnyāsi and thinker. His name is Adi Shankarāchārya. A student of the Gita owes him great respect and honor.

5. Adi Shankarāchārya

Adi Shankarāchārya (or Shankara) is the author and promoter of non-dualistic

philosophy of Vedanta. It states that entire universe is nothing but an expansion of God. He was born in the state of Kerala in the year 788 A.D. By the age of eight, he had learned all four Vedas, and by the age of twelve, was well versed in all Hindu scriptures. He is believed to be Lord Shiva in human form.

Adi Guru Shankarāchārya

He wrote many books, including a commentary on the Bhagavad-Gita, Upanishads, BrahmaSutra and many others. The holy Bhagavad-Gita was hidden in Mahābhārata as a Chapter before Shankara brought it out to us. Shankara took the Gita from Mahābhārata, gave it Chapter headings, and wrote the first commentary of the Gita in Sanskrit. The first English translation of the Gita was done by a British ruler of India in the 19th century.

Shankara established four main monasteries in different corners of India: at Shringeri, Badrināth, Dvārkā, and Puri. He stopped the spread of Buddhism over Hindu ideals, and restored Hinduism to its past glory. According to his non-dual philosophy, the individual soul (Jiva) is Brahma (God), and the world is the play of Māyā or maya, the illusory kinetic energy of Brahma.

He certainly was a Self-realized man. But at first, he had the feeling of duality, of high and low caste. His faith in the absolute God (Brahma) was not very firmly established in his heart.

One day, he was going to the Shiva temple in the holy city of Banāras after bathing in the holy Gangā river. He saw an untouchable, a butcher, carrying a load of meat. The butcher came on his way and tried to touch Shankara's feet in respect.

Shankara shouted angrily: "Get out of the way! How dare you touch me? Now I have to take a bath again."

"Holy sir," said the butcher, "I have not touched you, nor have you touched me. The pure Self cannot be the body or the five elements out of which the body is created." (There are more details in Chapter 13.)

Then Shankara saw the vision of Lord Shiva in the butcher. Lord Shiva had Himself come to Shankara to firmly implant the non-dualistic philosophy in him. Shankara was a much better person from that day by the grace of Lord Shiva.

This story illustrates that equality with all beings is difficult to practice all the time. To have such a feeling is the mark of a truly God-realized person or a perfect Samnyāsi.

Chapter 5 summary: Lord Krishna considers the path of Selfless service (Sevā) to humanity without attachment to its results as the best path for most people. Both paths, the path of Self-knowledge and the path of Sevā, lead to a happy life here on the earth and Nirvāna after death. Samnyāsa does not mean leaving worldly possessions. It means not being attached to them. An enlightened person sees the Lord in all beings and treats everybody equally.

CHAPTER 6
PATH OF MEDITATION

Jay: Grandma, you said there are several paths leading to God. You told me about the path of duty and the path of spiritual knowledge. Please tell me about other paths.

Grandma: The third path is called the path of meditation.

One who is united with God is called a yogi. The mind of a yogi is peaceful and completely united with God. A yogi has control over his mind, senses, and desires. He is free from anger and greed. A clod, a stone, and gold are the same to a yogi, who sees God in everything and everything in God (**Gita** 6.08, 14.24). A yogi sees every being with an equal eye; whether a friend, enemy, hater, relative, saint, or sinner (**Gita** 6.09). The mind of a yogi remains calm even during the worst time (**Gita** 6.19).

Jay: Is there a method of meditation simple enough for children, Grandma?

Grandma: Yes, there is, Jay. The mind is your best friend as well as your worst enemy. The mind is a friend for those who have control over it and an enemy for those who do not control it (**Gita** 6.05-06). So you should try to control this friend. The mind is like wind, very restless and difficult to control, but you can control it by regular practice of meditation (**Gita** 6.34).

Guru Nanak said: Master the mind, and you master the world.

A Simple Method of Meditation

The best time to meditate is in the morning before going to school. Sit in your meditation or Poojā room. Hold your waist, spine, chest, neck, and head erect, motionless and steady. Close your eyes, take a few slow and deep breaths. Remember your favorite deity and ask his or her blessing. Mentally chant OM or AUM for few minutes. If your mind starts to wander here and there, bring it back gently to concentrating on your favorite deity.

There is a story of a child named Dhruva in our scriptures who got his wishes fulfilled using the path of meditation.

6. The Story of Dhruva

Dhruva was the son of king Uttānapāda and Suniti. King Uttānapāda was very fond of his second wife, Suruchi, and used to be mean to Suniti, Dhruva's mother. One day, when Dhruva was five years old, his step-brother was sitting on his father's lap. Dhruva also wanted to sit there. But his step-mother stopped him and dragged him aside.

She spoke rudely to Dhruva, saying: "If you want to sit on your father's lap, you should have been born to me instead of to your mother. At least now, pray to Lord Vishnu, so that He will make this happen."

Dhruva was deeply hurt by his step-mother's insulting words. He went to his mother, weeping. His mother consoled him and told him to take his step-mother's words seriously and pray to Lord Vishnu, who is the helper of all beings.

Dhruva left the kingdom for the forest with a determined mind to see Lord Vishnu and reach a higher place. On the way, he was met by the celestial sage Nārada. Nārada gave him the 12-syllable mantra: "Om namo bhagavate vāsudevāya" for worshiping the Vishnu form of Lord Krishna. Dhruva worshipped Vishnu for six months, and Lord Vishnu appeared before him. Vishnu promised that Dhruva's wishes would be fulfilled and he would reach the highest heavenly seat of the Polestar, which is not destroyed even when all the worlds are destroyed.

Dhruva returned to the kingdom. When the King grew old, he decided to crown Dhruva as the King. Dhruva ruled for many years and in the end reached the Polestar granted by Lord Vishnu. It is said that the entire Zodiac is made up of planets, stars, etc. All rotates around the Polestar. To this day, when Indians see the Polestar, they remember Dhruva, the devotee of perfect purity of mind and firm determination.

Jay: What happens to a yogi who does not become successful in this life?

Grandma: No spiritual practice performed by anybody ever goes to waste. The unsuccessful yogi is reborn into a rich or spiritually advanced family. The unsuccessful yogi regains the knowledge he had in the previous life and tries again to become perfect from where he or she left off. No spiritual effort is ever wasted.

Jay: How can I become the best yogi, Grandma?

Grandma: To be the best yogi, see all beings as yourself and feel their pain and pleasure as your own. Lovingly think of God with supreme faith, and always keep your mind set on Him (**Gita** 6.47).

Chapter 6 summary: The third path to God is yoga of meditation. To be the best yogi, see every being as yourself, and feel the pain and pleasure of others as your own. A very simple method of meditation uses the sound vibration of OM. No spiritual practice is ever wasted.

CHAPTER 7
SELF-KNOWLEDGE AND ENLIGHTENMENT

Jay: How was our whole universe formed, Grandma? Does it have a creator?

Grandma: There is a creator behind any creation, Jay. Nothing can be created without somebody or some power behind it. Some power is needed, not only to create it, but also to support and run it. We call that power God, the Absolute, the Supreme in English, and Krishna, Ishvara, Bhagavān, Shiva, Devi in

Sanskrit. Other religions call that power by different names. In a real sense, God is not the creator of the universe, but He Himself becomes everything in the universe. He manifests as Brahmā, whom we call the creator. Actually, Brahmā and all other deities (gods and goddesses) are just names of different powers of the one and only One God. People think Hindus worship many gods and goddesses, but that is due to lack of their true knowledge. The entire universe is a manifestation of God. This is the highest philosophy that you may not understand completely now.

All is manifestation of One God

Jay: How does one God become so many things in the universe?

Grandma: According to the Sāmkhya theory of creation, God's energy (Ātmā or Spirit) itself becomes Nature or matter, made up of the five basic elements. The entire creation is born and sustained by different combinations of these two energies: Spirit and Matter **(Gita** 7.06). He

is in the form of light in the Sun and the Moon; He is in the form of mind and strength in human beings. He digests our food and supports our life. We are all connected by the same Spirit as jewels in a necklace are connected by the same thread **(Gita** 7.07).

Jay: If God is everywhere and in everything, why doesn't everyone understand and love and worship Him?

Grandma: That is a good question, Jay. Generally, people have a false idea of God because everyone is not given the power to understand Him. Just as some people can't understand calculus or even elementary mathematics, so people who have no good Karma, can't know, understand, love, or worship God.

Jay: Then who are the ones who understand God?

Grandma: There are four types of people who worship or seek to understand God: (1) those who are sick or in some kind of trouble or seek help in doing well in their studies or work, (2) those who are trying to get the knowledge of God, (3) those who want money, and (4) the wise ones who know God **(Gita** 7.16). Lord Krishna considers all four types of people as devotees. The wise one is the best because a wise person worships God without wanting anything from Him. Even such wise ones completely know God only after many births **(Gita** 7.19).

Jay: If I worship Krishna, can I get good grades in an examination or get rid of sickness?

Grandma: Yes, He fulfills the desires of all who believe in Him and who always worship and pray with firm faith. God is both our Father and Mother. You should ask God what you want in a prayer. He fulfills the desires of His sincere devotees (Gita 7.21).

Jay: Then why doesn't everybody worship Krishna? Why do we worship Lord Ganesha, Shri Hanumāna, Mother Sarasvati and many other deities?

Grandma: Lord Krishna is the name of the Supreme God. Some sects of Hinduism call the Supreme God as Lord Shiva and Mother also. All other deities (gods) worshipped by us are a part of His power. Just as all rain water goes to the ocean, so worship of any deity goes to Krishna, the Absolute. But a beginner should chose just one of the many deities and establish a personal relationship by doing Poojā, or at least Namaskāra, everyday to the chosen deity. The personal deity then becomes your personal guide and protector. The personal deity is called IshtaDeva or IshtaDevi, your personal god.

Jay: You said that the entire universe is only another form of God. Is God formless or can God take forms?

Grandma: This big question not only confuses children, but also puzzles adults. Answers to this question created various sects or groups in Hinduism. One sect, called Arya Samāj, believes that God cannot have forms and is formless. Another group believes God has a form. A third group believes God is formless and takes forms. Still others believe God is both with form and without form.

I believe everything has a form. Nothing in the world is formless. God has a form, which is invisible to our physical eyes. He cannot be understood by the human mind or described by words. Supreme Being has a transcendental (or out of this world) form and a Supreme Personality. He has no origin but is the origin of everything. He has no beginning, middle or end. **The invisible God is the cause of the visible world.** Invisible does not mean formless. Everything we see is another form of God.

Here is a story about practical application of seeing the Supreme in all beings as mentioned in Gita 7.19.

7. See God in All Beings

In a forest lived a holy man who had many disciples. He taught them to see God in all beings and to bow down before them. One day a disciple went into the forest to get wood for fire. Suddenly he heard a shout.

"Get out of the way! A mad elephant is coming!"

Everyone but the disciple of the holy man ran away. He saw the elephant as God in another form, so why should he run away from it? He stood still, bowed before the elephant, and began meditating on God in the form of the elephant.

The mahout (trainer) of the elephant shouted: "Run away! Run away!"

But the disciple didn't move. The animal grabbed him with its trunk, threw him to one side, and went on its way. The disciple lay unconscious on the ground. Hearing what had happened; his god-brothers came to him and carried him to the hermitage. With the help of some herbal medicine, he regained consciousness.

Then someone asked, "When you knew the mad elephant was coming, why didn't you leave the place?"

He answered: "Our guru has taught us that God is in all beings, animals as well as human. Therefore, I thought it was only the elephant-god that was coming, so I didn't run away."

At this the guru said: "Yes, my child, it is true that the elephant-god was coming; but the mahout-god asked you to get out of way. Why didn't you trust the mahout's words? Also, the elephant-god does not have the Self-knowledge that all are God!"

God dwells in all beings. God is even in the tiger; but you cannot hug the tiger on that account! Be close only with good people, and keep away from the evil-minded. **<u>Keep away from the unholy, the evil, and the impure.</u>**

8. The Unseen

One day a 6-year-old girl was sitting in a classroom. The teacher was going to explain evolution to the children.

The teacher asked a little boy: "Manav, do you see the tree outside?"

Manav: "Yes."

Teacher: "Manav, do you see the grass outside?"

Manav: "Yes."

Teacher: "Go outside and look up and see if you can see the sky."

Manav: "Okay. (He returned a few minutes later.) Yes, I saw the sky."

Teacher: "Did you see God anywhere?"

Manav: "No."

Teacher: "That's my point. We can't see God because he isn't there. He just doesn't exist."

A little girl spoke up and wanted to ask the boy some questions. The teacher agreed, and the little girl asked the boy:

"Manav, Do you see the tree outside?"

Manav: "Yes."

Little Girl: "Manav, do you see the grass outside?"

Manav: "Yessssss!"

Little Girl: "Did you see the sky?"

Manav: "Yessssss!"

Little Girl: "Manav, do you see the teacher?"

Manav: "Yes"

Little Girl: "Do you see her mind or her brain?"

Manav: "No"

Little Girl: "Then according to what we were taught today in school, she must not have a brain!"

God cannot be seen with our physical eyes. He can be felt by the eyes of knowledge, faith, and devotion only **(Gita** 7.24-25). For we walk by faith, not by sight. He answers our prayer!

Chapter 7 summary: There is only one God, who is called by many names. Devas, Devis, or deities in our religion are nothing but the names of different powers of One Absolute God. Deities are different names and forms of God's powers to help us worship and pray. Four types of people worship God. The entire creation is made up of five basic elements and the Spirit. God is both formless and with form. God can take any form. One cannot know the true nature of God unless one has spiritual knowledge.

CHAPTER 8
THE ETERNAL BRAHMA

Jay: I don't have a big spiritual vocabulary, Grandma, so I don't understand many words that I hear at the temple. Can you explain some of them in a simple way?

Grandma: I will explain some of the Sanskrit words, so listen very carefully. You may not completely understand these terms at your age.

The Spirit that is inside all living beings is called Brahma in Sanskrit. Brahma not only supports living beings but also supports the whole universe. This is the formless nature of God, the Absolute. Brahma is beginningless, endless (or everlasting) and changeless; therefore, it is also called Eternal Brahma. The word Brahma often gets confused with the word Brahmā, the creative force or creator of this universe. The word Brahma is also spelled as Brahma or Brahman. The word Brahman often gets mixed up with another term, Brāhmana, also spelled as Brāhmin, which refers to the upper caste or intellectual class of people in India. I will explain this term later in Chapter18.

ParaBrahma, Paramātmā, Father, Mother is the Supreme Being, who is the origin of everything, including Brahma (Spirit or Ātmā) and the creator, Brahmā.

The word Karma has several meanings. Generally, it means to do or work. It also means the stored up fruits of one's work over past lives.

Various powers of Brahma are called Daiva (or Deva, Devi, Devatā). We worship these powers to get our worldly desires fulfilled.

Ishvara is the power of God that stays in the bodies of all living beings to guide and control us.

Bhagavān simply means powerful. This term is used for God. We call ShriKrishna also Bhagavān Krishna.

Jiva or Jivātmā means living beings that take birth, have a limited life span, and die or change form.

Jay: How often should I remember and worship God to make sure that I remember God when I die?

Grandma: We should form the habit of remembering God before taking our food, before going to bed, after getting up in the morning, and before starting any work or study.

Jay: Are we always reborn as human beings?

Grandma: Human beings can take any one of the 8.4 million life-forms on earth. Hindus believe in life after death. Lord Krishna said: "Whatever object one remembers at the time of death, that object one gets after death. During death, one remembers whatever thought existed during most of one's lifetime." **(Gita** 8.06). Therefore, one should always remember God and do one's duty **(Gita** 8.07).

Here is a story to illustrate the theory of transmigration of souls.

9. The Story of King Bharata

When Sage Vishvāmitra was busy creating his own universe; Indra, the King of heaven could not tolerate that. So he sent a beautiful heavenly dancer, Menakā, to disturb him from his work. She succeeded and bore sage Vishvāmitra's daughter, Shakuntalā. She was raised in the hermitage of sage Kanava after Menakā left for heaven.

One day a King named Dushyanta wandered in the hermitage of sage Kanava. There he met and fell in love with Shakuntalā, whom he secretly married in the hermitage. Afterwards, she gave birth to a baby boy named Bharata. He was very handsome and strong, even during his childhood. Bharata looked like the son of a Deva. When he was only six years old, he used to play in the jungle by tying up baby wild animals, such as tigers, lions, and elephants.

Bharata became the king after Dushyanta. Bharata was the greatest king of the land. Even today we also call India BhārataVarsha, the land of King Bharata. He had nine sons, but none of them seemed fit to rule after him, so he adopted a qualified child, who took over the kingdom after Bharata. Thus, King Bharata laid the foundation of democracy.

There have been several other rulers by the name of Bharata such as Bharata, the younger brother of Lord Rāma and Mahārāja Bharata. Here is a story of Mahārāja Bharata:

A devotee named Mahārāja Bharata, the son of a saintly King Rishabha Deva, also ruled over our entire planet. He ruled for many years but eventually renounced everything to take up spiritual life of an ascetic. Although he was able to give up his opulent kingdom, he became attached to a baby deer. Once when the deer was absent, Mahārāja Bharata was so disturbed that he began to search for it. While searching and lamenting the deer's absence, Mahārāja

Bharata fell down and died. Because his mind was fully absorbed thinking of the deer at the time of his death, he naturally took his next birth from the womb of a deer.

This is the theory of transmigration of the soul, which we believe. Some western philosophers believe in reincarnation. The reincarnation theory is based on the assumption that a human soul takes birth only as humans, not as animals. The theory of transmigration seems more universal than the theory of reincarnation.

Jay: If living beings go through cycles of birth and death, how about the Sun, Moon, Earth, and stars? Do they also take birth and get destroyed?

Grandma: The entire cosmos (invisible or visible) has a life span of 311 trillion Solar years. During this period, the entire cosmos is destroyed and created again and again **(Gita** 8.17-19, 9.07). But ParaBrahma is everlasting and is never destroyed. It remain in dormant state (Baby or subtle form) as shown below:

Only God remains after all is destroyed

Jay: If some people do not come back to this world after death, what happens to them? Do they go to heaven and live there forever?

Grandma: Those who have done good work here on earth go to heaven, but they have to come back after enjoying the pleasures of heaven **(Gita** 8.25, 9.21). Those who have been naughty and bad go to hell for punishment and also come back to earth. Those who have gained salvation (Nirvāna) do not take birth again. They become one with God and go to His Supreme Abode, called Parama-Dhāma). The Supreme abode is higher than heaven.

Jay: How can we gain the Supreme Abode, the house of God?

Grandma: Those who have the true knowledge of God are called God-realized and reach the house of God. They do not reincarnate. This is called the path of no return

(Gita 8.24). This path is blocked for the ignorant and persons without the necessary qualities, such as austerity, faith in God, and knowledge of God. Only those who have these qualities will walk this path of no return. Those who have not realized God, but have done good work, go to heaven by virtue of their good Karma and take birth on earth again until they perfect themselves and become Self-realized (Gita 8.25).

Chapter 8 summary: Some of the common Sanskrit terms have been explained, which you will understand better as you grow older. The theory of transmigration and the cycle of creation and destruction of the universe were also explained. A very simple and easy method of God-realization is to always remember God and do your duty.

CHAPTER 9
SUPREME KNOWLEDGE AND THE BIG MYSTERY

Jay: When God manifests on earth, does He act the same way as humans, or different from us?

Grandma: When God appears on earth, He does both human and divine acts called Lilā.

Now I will try to explain two doctrines of Hinduism by example. Look at my gold chain, gold ring and this gold coin. They are all made of gold, so you can see them as gold. And you can see everything else made of gold as gold. They are different forms of gold. But you can also think of them as separate things---a chain, a ring, or a coin. The chain, the ring, and the coin are nothing but different shapes and forms of gold. In the same way, we can look at the Lord and His creation as nothing but an expansion of the Lord Himself. This viewpoint is known as non-dualistic (or Advaita)

philosophy.

The other viewpoint sees God as one reality and creation as a different reality but dependent on God. This dualistic (or Dvaita) philosophy considers objects made of gold (such as a chain and a ring and a coin) different from gold (Gita 9.04-06).

Jay: Is that what people mean when they say God is everywhere and in everything?

Grandma: Yes, Jay, God is the Sun, the Moon, and the wind; fire, trees, earth, and stones, in the same way as everything made of gold is gold. That's why Hindus see and worship God in the stone and the tree as if these are God Himself in that form.

Jay: If everything comes from the Lord, then will everything become the Lord again, as everything made of gold can be melted into just gold again?
Grandma: Yes, Jay, the cycle of creation and destruction keeps on going. It's like turning my chain and ring and coin into gold again and then using the gold to make new jewelry and coins (Gita 9.07-08). The entire creation appears and disappears again and again.

Jay: If Lord is us, and we all come from the Lord, then why doesn't everyone love and worship Lord?

Grandma: Those who understand this truth worship God. They know the Lord is our Lord, and we are from Him, for Him, and we depend on Him, so they love and worship Him. But the ignorant do not understand or believe in universal God.

Jay: If I pray to God everyday and love Him and offer Him flowers or fruit, will He be pleased and help me in my studies?

Grandma: Lord Krishna said in the Gita that He takes care of all the needs of His devotees who worship Him with strong faith and loving devotion (**Gita** 9.22).

Jay: Does that mean that God loves only those who pray and worship Him?

Grandma: God loves all of us the same, but if we remember Him and pray to Him, we come closer to God. So we all should think of God, worship Him, meditate, and bow down to Him with faith, love, and devotion.

Jay: I would like to be close to the Lord Krishna, Grandma. How can I have more faith in Him and love Him more?

Grandma: Just think of all the nice things God does for us. He gives us so many different foods we enjoy. He gave us the Sun for heat and light. Look at the beautiful sky with the Moon, the stars and clouds in the night. This is all His beautiful creation, so think how beautiful the creator Himself must be! Worshiping God is saying thank you for His kindness. Praying is asking for what we need from God. Meditating is connecting with the Supreme power to get help and guidance.

Jay: If there is only one God who gives us everything, why do you have so many deities in your prayer (Poojā) room, Grandma? Why don't you just worship the one Lord Krishna?

Grandma: Lord Krishna said: "Those who worship other deities, also worship Me through those deities." (**Gita** 9.23). We can worship any deity we feel close to. That favorite deity is called IshtaDeva, our own personal god (or the guardian angel) who becomes our personal guide and protector.

Jay: Why do we offer fruits and flowers to God?

Grandma: Lord Krishna said in the Gita that anyone who offers Him a leaf, a flower, a fruit, water, or anything with love and devotion, He not only accepts it, but eats the offerings! (**Gita** 9.26). That's why we always offer our food to God with a prayer before we eat it. Food offered to God is called Prasāda or Prasādam. Anybody can reach God who worships Him with faith, love and devotion. This path of devotion is open to all of us.

Here is a story about the power of faith.

10. A Boy Who Fed God

A noble man used to worship his family's deity everyday with food offerings. One day he had to go out of his village for the day. He said to his son, Raman: Give the offering to the deity today. See that God is fed.

The boy offered food to the deity in the shrine, but the image would neither eat nor drink nor talk. Raman waited a long time, but still the image did not move. But he totally believed that God would come down from His throne in heaven, sit on the floor and eat.

Again and again he prayed to the deity, saying: "O Lord, please come down and eat the food. It is already very late. Father will get angry if I did not feed you." The deity did not say a word.

The boy wept and cried: "O Lord, my father asked me to feed you. Why won't you come down? Why won't you eat from my hands?"

The boy wept for some time with a longing soul. At last the deity came down smilingly from the altar in human form and sat before the meal and ate it.

After feeding the deity, the boy came out of the prayer room. His relatives said: "The worship is over. Now bring the Prasādam for us."

The boy said: "God has eaten everything, He did not leave anything for you today."

They entered the prayer room and were speechless with wonder to see that the deity had really eaten every bit of the offering.

The moral of the story is that God does eat if you offer food with full faith, love, and devotion. Most of us don't have the faith Raman had. We don't know how to feed Him! It is said that we must have faith in God like a child or we shall not enter the supreme abode, the house of God.

Jay: Grandma, what if a person is a sinful thief or robber. Can that person also love God?

Grandma: Yes, Jay. Lord Krishna has said in the Gita: If even the most sinful person decides to worship Me with loving devotion, such a person soon becomes a saint because he or she has made the right decision (**Gita** 9.31).

Here is a story about such a robber.

11. The Great Highway Robber-Sage

We have two very popular epics or historical tales. The first one is the Holy Rāmāyana. The other one is Mahābhārata. The Bhagavad-Gita is a part of the Mahābhārata. It was written about 3,100 years B.C.E. Originally, the Holy Rāmāyana may have been written about 1.75 million years ago, according to latest findings of NASA. The original writer of Rāmāyana was a sage named Vālmiki. After Vālmiki, many other saints such as Tulasidās have written Rāmāyana, the story of Lord Rāma that all children should read. The legend is that Vālmiki was given the power by sage Nārada to write the entire episode before the event actually happened.

In the early part of his life, Vālmiki was a great highway robber. He made a living by robbing travelers. One day, the great celestial saint Nārada was passing by when Vālmiki attacked him and tried to rob him. Nārada asked Vālmiki why he was doing that. Vālmiki said that this is how he supported his family.

The sage told Vālmiki: "When you rob a

person, you commit sin. Do your family members want to share that sin also?"

The robber replied: "Why not? I am sure they do."

The sage said: "All right, go home and ask everyone if they will share your sins along with the money you are bringing home."

The robber agreed. He tied the sage against a tree and went home and asked each member of his family, saying: "I bring you money and plenty of food by robbing people. A sage told me that it is sinful to rob people. Will you share my sins?"

No one in his family was willing to share his sin. They all said: "It is your duty to support us. We can't share your sin."

Vālmiki realized his mistakes and asked the sage what to do to atone for his sins. The sage gave Vālmiki the most powerful and the simplest "Rāma" mantra to chant and taught him how to worship and meditate. The highway robber gave up his sinful activity and soon became a great sage and writer by the grace of guru Nārada, the power of mantra, and his sincere spiritual practice.

Here is another story, Jay, that you should always remember. It illustrates the verses of the Gita that say Lord Krishna takes care of all of us (**Gita** 9.17-18).

12. The Footprints

One night, a man had a dream. He dreamed he was walking along the beach with the Lord. Across the sky he saw scenes from his life. For each scene, he noticed two sets of footprints in the sand; one belonging to him, and the other to the Lord.

When the last scene of his life came before him, he looked back at the footprints in the sand. He noticed that many times along the path of his life there was only one set of footprints. He also noticed that it happened at the very lowest and saddest times in his life.

This really bothered him, and he questioned the Lord about it.

"Lord, You said that there is no one

hateful or dear to You, but You are always with those who worship You with love and devotion (**Gita** 9.29). I have noticed that during the most troublesome times in my life, there is only one set of footprints. I don't understand why, when I needed You most, You left me alone."

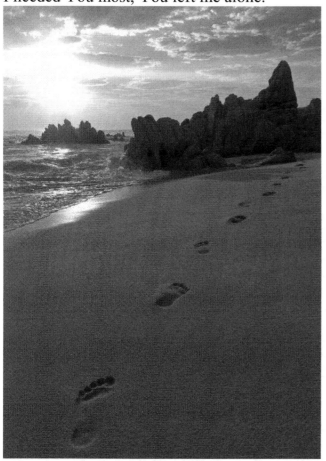

God is always with you

The Lord replied, "My dear child, you are my own soul. I love you, and I would never leave you, even if you leave Me sometimes. During your time of trial and suffering, when you see only one set of footprints, that was because then I carried you. **When you have trouble, it is caused by your own Karma. That is when you are tested and can grow stronger.**"

The Lord Krishna said in the Gita: "I personally take care of the needs of devotees who always remember and love Me." (**Gita** 9.22).

Chapter 9 summary: The dualistic philosophy sees God as one reality and creation as a different reality dependent on Him. Non-

dual philosophy sees God and His creation as One. God loves all of us the same, but He takes personal interest in His devotees because such a person is closer to Him. It is like one gets more heat if one sits close to the fire. There is no unforgivable sin or sinner. The fire of sincere repentance burns all sins.

CHAPTER 10
MANIFESTATION OF GOD

Jay: If Lord Krishna said He will take care of us if we always remember and adore Him, then I want to know and love God. How do I do that, Grandma?

Grandma: The love of God is called devotion (Bhakti). If you have devotion, God will give you the knowledge and understanding of the Self (**Gita** 10.10). The more you know and think about God's glory, power and greatness, the stronger your love will grow. Thus the knowledge and love of God go together.

Jay: God is so great, and powerful, how can I really know Him?

Grandma: Nobody can fully know God. He is the cause of cosmic energy and power, a cause that will remain a big mystery. God is unborn, without beginning or end. Only God can really know God! (**Gita** 10.15). If anyone says, I know God, that person does not know. Anyone who knows the Truth says: I do not know God.

Jay: Then what can we know about God, Grandma?

Grandma: God knows everything, but nobody can know God. According to Shankara, the entire creation is nothing but another form of God. The creation has come out of God's energy called Māyā. Everything comes from Him and eventually goes back to Him. God is One, but has become many. He is everywhere and in everything (Gita 10.19-39). He is the Generator or creator (Brahmā), Operator or maintainer (Vishnu), and Destroyer (Mahesha) of all beings. He creates everything, including the sun, moon, stars, wind, water, air, fire, and even our thoughts, feelings, intellect, and other qualities. We can see His glory and greatness throughout creation. The beautiful sky with earth and all the planets you see is only a small part of His glory. Seeing God everywhere purifies our mind and makes us a better person.

Here is a story about why we know very little about God (Gita 10.15).

13. The Four Blind Men

Four blind men went to see an elephant.

One touched the leg of the elephant and said, "The elephant is like a pole."

The second touched the trunk and said, "The elephant is like a thick club."

The third touched the belly and said, "The elephant is like a big jar."

The fourth touched the ear and said, "The elephant is like a big hand fan."

Thus they began to quarrel amongst themselves as to the shape of the elephant.

A passer-by, seeing them thus quarreling, said, "Why are you all quarreling?" They told him the problem and asked him to be the judge.

The man said: "None of you has seen the elephant. The elephant is not like a pole; its legs are like poles. It is not like a thick club; its trunk is like a thick club. It is not like a big jar; its belly is like a big jar. It is not like a fan; its ear is like a fan. The elephant is all these---legs, trunk, belly, ears and much more."

In the same way, those who argue about the nature of God have known only a small part of His Reality. That's why sages say God is "neither this, nor that."

Jay: What about people who do not believe in God?

Grandma: Such people are called atheists or disbelievers. They do not believe in the existence of a creator because they cannot comprehend how such a cosmic person or power can exist. So they question and doubt the existence of God. Their doubts may be erased someday when they find a real spiritual master or guru by the grace of God. Atheists are those whose journey towards God has not yet begun. Doubts arise even in the minds of believers; therefore, just have faith, believe in God, and do your duty.

Chapter 10 summary: Nobody can know God, the Supreme Being, because He or She is the origin of all beings, the cause of all causes. Everything, including our body, mind, thoughts, and feelings, comes from God. He is the creator, supporter, and destroyer of all. He is infinite and has no beginning or end. The entire universe is the expansion of a tiny fraction of His energy (Gita 10.41-42). All deities are just the names of His various powers. Worshiping God with faith, using any name, form, and method gives us what we want and helps us become good and peaceful.

CHAPTER 11
THE VISION OF GOD

Jay: You said we can know a little bit about God. Is it possible for people to see God?

Grandma: Yes, Jay. But not with our physical eyes. God does not have hands and legs like we have in our world. But when God is pleased by our selfless service (Sevā) and devotion, He may appear in a vision in dream. He can show Himself in any form, or in the form of one's personal god (IshtaDeva).

Jay: Is there any other way to see God?

Grandma: The best way to see God is to feel His presence in everything because everything is part of God. Yogis see the whole world as God's expansion. Everything is just another form of God. Knowing this, we can see God all around us. The entire universe is God, and we are His children and His tools **(Gita** 11.33). God uses us to do His work. He is within all of us.

Here is a story about God being always with us, but we cannot see Him with our physical eyes **(Gita** 11.08).

14. God Is always with You

A man wanted to smoke and went to a neighbor's house to get fire to light his charcoal. It was in the dead of night, and the householder was asleep. After he had knocked and knocked, the neighbor finally came down to open the door.

At the sight of the man he asked, "Hello! What's the matter?"

The man replied, "Can't you guess? You know I am fond of smoking. I have come here to get fire to light my charcoal."

The neighbor said, "Ha! Ha! You are a fine neighbor, indeed! You took the trouble to come and do all this knocking at the door in the dead of night! Why? You have a lighted lantern already with you!"

What we seek is very near and all around us. Everything is God in different forms. Everything in creation is within His gigantic form!

Another way to see God is to develop devotion and good qualities. Lord Krishna said if we have no attachment, selfish desires, hatred, enmity, or violence towards any being, we can reach and see God **(Gita** 11.55).

Jay: Has anybody seen Krishna as God?

Grandma: Yes, many saints and sages have seen Lord Krishna in various forms. Mother Yashodā saw Krishna's cosmic form. Arjuna also wanted to see Krishna as God. Because Arjuna was a great soul and a very dear friend of Krishna, Lord showed him His cosmic form. What Arjuna saw is described in great detail in Chapter 11 of the Gita.

The Cosmic form of Krishna

Here is a brief description of the cosmic form of Krishna that Arjuna saw. He saw the whole world with all gods, sages, Lord Shiva, as well as Lord Brahmā, seated on the lotus in the body of Krishna. Lord had many arms, mouths, stomachs, faces, and eyes. His body had no beginning or end. Bright light was shining all around Him. Arjuna also saw all his cousins, along with many other kings and warriors, quickly entering into Lord's fearful mouths for destruction. This cosmic form of Krishna was very frightful to see, so Arjuna wished to see Krishna in the four-armed Vishnu form with a crown, holding a conch, discus, club and lotus in His hands. Krishna then showed His four-armed Vishnu form to Arjuna.

Afterwards, Krishna showed His beautiful human form and comforted Arjuna, who was afraid. Then Arjuna became peaceful and normal again. Lord Krishna said that He can be seen in this four-armed form only through devotion **(Gita** 11.54).

Chapter 11 summary: We cannot see God

with our human eyes. We can see Him only in a vision or trance (Samādhi). We can also see Him all around us. The entire creation is nothing but the body of the creator, and we are part of the cosmic form of God.

CHAPTER 12
PATH OF BHAKTI

Jay: Should we worship or meditate every day, Grandma, or just on Sundays?

Grandma: Children should do some form of worship, prayer, or meditation everyday. Good habits must be formed early.

Jay: You said that God is formless but also has forms. Should I worship God as Rāma, Krishna, Shiva, Durgā, or should I worship a formless God?

Grandma: Arjuna asked Lord Krishna the same question in the Gita (**Gita** 12.01). Krishna told Arjuna that worship of God with a form with faith is easier and better for most people, especially for the beginners. But a true devotee has faith in everything: the formless God, and God with a form, such as Rāma, Krishna, Hanumāna, Shiva, and the Divine Mother Kāli, Durgā.

Jay: How should I worship, Grandma?

Go to the worship or meditation room before going to school and pray. Sit straight, close your eyes, take a few slow and deep breaths, remember your IshtaDeva and ask his or her blessing. Focusing your mind on your IshtaDeva with eyes closed is called meditation. You may also silently repeat a mantra such as 'OM' or 'Rām, Rām, Rām, Rām, Rām' a few times.

Jay: When I start to meditate, I can't concentrate my mind, Grandma. My mind starts to go everywhere. What should I do?

Grandma: Don't worry, this even happens to adults. Try to concentrate or focus again and again. With practice, you will be able to focus your mind well, not only on God but also on your study materials. This will help you get good grades. You can also pray to God and worship by offering fruits, flowers, etc. to your IshtaDeva with love. Also, remember the Lord of learning, such as Lord Ganesha, Hanumāna, or Mother Sarasvati before starting your studies. Don't be selfish. Work hard. Accept the results of your work without getting upset by bad results. Try to learn from your failures. Never give up and improve yourself.

Jay: Is that all I have to do, Grandma? Did Krishna say anything else?

Grandma: You should also develop good habits such as obeying your parents, helping others in need, not hurting anybody, being friendly to all, saying sorry or asking forgiveness if you hurt anyone, keeping your mind calm, being grateful to those who have helped you, and saying thank you. God loves and helps those who act in this way. Such people are called devotees or Bhakta (**Gita** 12.13-19). If you don't have any one of these good habits, try to develop them (**Gita** 12.20).

Jay: Is it possible for a child to be a Bhakta?

Grandma: I already told you the story of Dhruva. Now I will tell you the story of another child Bhakta. His name was Prahlāda.

15. The Story of Bhakta Prahlāda

Hiranyakasipu was the king of demons. He performed a very difficult spiritual practice, and Lord Brahmā gave him a boon that he could not be slain by man or beast. The boon made him arrogant, and he terrorized all the three worlds, saying that there were no gods other than himself and everybody must worship him.

He had a son named Prahlāda, a religious child who always worshipped Lord Vishnu. This angered his father greatly; he wanted to drive the thought of Vishnu from his son's mind, so he turned him to a strict teacher to train him to worship only Hiranyakasipu as God and not Vishnu.

Prahlāda not only refused to listen to the teacher, but started teaching the other students to worship Vishnu. The teacher was very angry and reported this to the King.

The King burst into his son's room, and shouted, "I hear you have been worshipping Vishnu!"

Trembling, Prahlāda said softly, "Yes father, I have."

"Promise me that you will not do that again!" demanded the king.

"I cannot promise," Prahlāda immediately answered.

"Then I will have you killed," shouted the King.

"Not unless it is the wish of Lord Vishnu," replied the child.

The King tried his best to get Prahlāda to change his mind, but nothing worked.

He then ordered his guards to throw Prahlāda into the ocean, hoping that would frighten Prahlāda into promising not to worship Vishnu anymore. But Prahlāda remained loyal to Vishnu and kept praying to Him in his heart with love and devotion. Guards tied him to a huge rock and threw him into the ocean. By God's grace, the rock fell away and Prahlāda floated safely to the surface of the water. He was surprised to see Vishnu on the shore.

Vishnu smiled at him and said, "Ask me anything you want."

Prahlad saw Lord Vishnu in meditation

Prahlāda, replied, "I don't want kingdom, wealth, heaven, or a long life. I just want the strength to always love You and never turn my mind away from You."

Lord Vishnu granted Prahlāda's wishes.

When Prahlāda returned to his father's palace, the King was stunned to see him alive.

"Who brought you out of the sea?" he demanded.

"Lord Vishnu," said the child, simply.

"Do not say that name before me," shouted his father. "Where is your Lord Vishnu? Show him to me," he challenged.

"He is everywhere," replied the child.

"Even in this pillar?" asked the King.

"Yes, even in this Pillar!" replied Prahlāda confidently.

"Then let him appear before me in whatever form he wants," cried Hiranyakasipu and broke the pillar with his iron club.

Out from within the pillar jumped a being called Narasimha, who was half man and half lion. Hiranyakasipu, stood helplessly before him. Frightened, he called out for help, but none came.

Narasimha picked up Hiranyakasipu and placed him on his lap, where he mauled his body and tore it apart. Thus Hiranyakasipu met his end.

God blessed Prahlāda for the deep faith he placed in Him. After the death of Hiranyakasipu, demons were crushed, and the Devas took over the world once again from demons. To this day, the name of Prahlāda is counted among the great devotees.

Chapter 12 summary: The path of devotional love of God is very easy to practice. This path consists of daily deity worship, offering fruits and flowers, singing hymns (Bhajans) in praise of the glory of God, and developing certain good habits.

CHAPTER 13
CREATION AND THE CREATOR

Jay: Grandma, I can eat and sleep and think and talk and walk and run and work and study. How does my body know how to do all this?

Grandma: The whole world, including our body, is made of five basic elements or matter. These elements are: earth, water, fire, air, and ether (or an invisible element, Ākāsha). We have eleven senses: five sense organs (nose, tongue, eye, skin, and ear); five organs of action (mouth, hand, leg, anus, and urethra); and a mind. We smell through our nose, taste through our tongue, see through the eyes, feel touch through skin, and hear through our ears. We also have a sense of feeling by which we feel pain and pleasure. All these give our body what it needs to work **(Gita 13.05-06)**. The Spirit or Ātmā inside our bodies is also called Prāna. It supplies power to the body to do all work. When Prāna leaves the body, we are dead.

Jay: You said God is the creator of the universe. How do we know there is a creator or God?

Grandma: There has to be a creator behind any creation, Jay. Somebody or some power

made the car we drive and the house we live in. Somebody or some power created the sun, the earth, the moon and the stars. We call that person or power God or the creator of this universe.

Jay: If everything has a creator, then who created God?

Grandma: This is a very good question, Jay, but there is no answer. God has always existed and will always exist. God is the origin of everything, but God has no origin. Good Lord is the source of everything, but He or She has no source!

Jay: Then, what is God like, Grandma? Can you describe Him?

Grandma: It is impossible to describe God directly. The Supreme Being can only be described by parables, and in no other way. His hands, feet, eyes, head, mouth, and ears are everywhere. He can see, feel, and enjoy without any physical sense organs. He does not have a body like us. His body and senses are out of this world. He walks without legs, hears without ears, does all works without hands, smells without a nose, sees without eyes, speaks without a mouth, and enjoys all tastes without a tongue. His actions are wonderful. His greatness is beyond description. God is present everywhere at all times. He is very near (living in every cell of our body) as well as far away in His Supreme Abode. He is the creator (Brahmā), the sustainer (Vishnu) and the destroyer (Mahesha), all in one **(Gita 13.13-16)**.

The best way to illustrate why no one can describe God **(Gita 13.12-18)** is a story of the salt doll.

16. The Salt Doll

Once a salt doll went to measure the depth of the ocean so it could tell others how deep the ocean was. But every time it got into the water, it melted. Now, no one could report the ocean's depth. That's how impossible it is for anyone to describe God. Whenever we try, we melt into the big, mysterious ocean of His reality.

We can't describe Brahma. In a trance we can know Brahma, but in trance reasoning and intellect stop altogether. This means one does not retain the memory of experiences in trance (Samādhi). One who knows Brahma becomes Brahma-like **(Gita** 18.55) and does not talk, just as the salt doll melted into the ocean and could not report the ocean's depth. Those who talk about God have no real experience. Thus, Brahma can only be experienced and felt.

Jay: Then how can we know and understand God?

Grandma: You can't know God by mind and intellect. He can be known only by faith and belief. He can also be known by Self-knowledge. One and the same God lives in the body of all beings as spirit and supports us. That is why we must not hurt anybody and must treat everybody equally **(Gita** 13.28). Hurting anybody is like hurting your own Ātmā. The spirit in the body is the witness, the guide, the supporter, the enjoyer, and the controller of all events **(Gita** 13.22).

Jay: What is the difference between the creator and His creation?

Grandma: From a non-dualistic point of view, there is no difference between the two. The difference between the creator and creation is like the difference between the sun and the sun's rays. Those who have Self-knowledge truly understand the difference between the creator and the creation and become God-realized **(Gita** 13.34). The entire universe is His expansion, and everything is nothing but Him. God is both creator and the creation, the protector and the protected, the destroyer and the destroyed. He is within us, outside us, near, far, and everywhere.

If God's blessing comes to you, He will let you know who you really are and what your real nature is like.

Here is a story how Supreme Soul becomes individual soul (Jiva), forgets its real nature and tries to finds out its real nature **(Gita** 13.21).

17. The Vegetarian Tiger

Once a tigress attacked a herd of sheep. She was pregnant and very weak. As she sprang on her prey, she gave birth to a baby tiger and died within a couple of hours. The baby tiger grew up in the company of the lambs. The lambs ate grass, so the baby tiger followed their example. When they made sounds, the baby tiger also made sounds like a sheep. Gradually it grew to be a big tiger. One day another tiger attacked the same herd of sheep. The tiger was surprised to see a grass-eating tiger in the herd. Running after it, the wild tiger at last grabbed the cub, and the grass-eating cub began to make sounds like a sheep.

The wild tiger dragged it to the water and said: "Look at your face in the water. It is just like mine. Here is a little meat. Eat it."

Saying this, the wild tiger put some meat into the vegetarian tiger's mouth. But the vegetarian tiger would not take it and began to make the sound of a sheep again. Gradually, however, it got the taste for blood and began to like the meat.

Then the wild tiger said: "Now you see, there is no difference between you and me. Come along and follow me into the forest."

We have been thinking that we are this body which is limited in time and space. We are not this body. We are the all-powerful Spirit in the body.

Chapter 13 summary: Our body is like a miniature universe. It is made up of five basic elements and powered by the Spirit. Universe has one and the only one creator or the creative power behind it. We call that power by various other names. God cannot be known, seen, described, or understood by a human mind. The creator Himself has become the creation like the cotton has become the thread, the cloth, and the dress.

CHAPTER 14
THREE GUNAS OF NATURE

Jay: Grandma, sometimes I feel lazy, and at other times I am very active? Why is that?

Grandma: We all pass through different states in order to do certain things. These states or modes (Gunas) are three types: the mode of goodness (Sattva), the mode of passion (Rajas), and the mode of ignorance (Tamas). We come under the influence of these three modes. Sometimes one mode becomes more powerful than the other two.

The mode of goodness makes you peaceful and happy. In this mode you will study scriptures, will not harm anybody, and will work honestly. When you are in the mode of passion, you become greedy for wealth and power. You will work hard to enjoy material pleasures and will do anything to satisfy your selfish desires. When you are in the mode of ignorance, you can't tell the difference between right and wrong action, and will do sinful and forbidden activities. You become lazy and careless, lack intelligence, and have no interest in spiritual knowledge (**Gita** 14.05-09).

Jay: Do these three modes of nature control us, Grandma, or do we have control over what we do?

Grandma: Actually, these three modes are the doers of all the actions (**Gita** 3.27). When we are under the influence of the mode of goodness, we do good and right actions; under the influence of the mode of passion, we do selfish actions; and under the influence of the mode of ignorance, we do bad things or become lazy (**Gita** 14.11-13). We must rise above the three Gunas to attain liberation (Nirvāna) (**Gita**

14.20).

Jay: What are we like when we have risen above the three Gunas?

Grandma: When we have risen above the three Gunas, we are not affected by pain and pleasure, success and failure, and we treat everybody like ourselves. Such a person depends on nobody but God.

Jay: It must be very hard to rise above these three modes. How can I rise above the three Gunas, Grandma?

Grandma: To rise above the three Gunas is not very easy, but it can be done with a little effort. If you are under the mode of ignorance, you must stop being lazy, stop putting off what you should be doing, and start helping others. This will bring you to the mode of goodness. If you are under the mode of passion, you must give up being selfish and greedy and help others. This will bring you to the mode of goodness. After reaching the mode of goodness, you can rise above the three Gunas by devotion to God. Lord Krishna said: **One who serves Me with love and devotion rises above the three Gunas and becomes fit for God-realization (Gita 14.26).**

Here is a story about the nature of three Gunas.

18. Three Robbers on the Path

Once a man was going through a forest when three robbers jumped on him and robbed him.

One of the robbers then said, "What is the use of keeping this man alive?"

He was about to kill him with his sword when the second robber stopped him, saying: "What is the use of killing him? Tie him to a tree and leave him here."

The robbers tied him to a tree and went away.

After a while, the third robber returned

and said to the man: "I am sorry; are you hurt? I will untie you."

After setting the man free, the thief said: "Come with me. I will take you to the public highway."

After a long time, they reached the road.

Then the man said: "Sir, you have been very good to me. Come with me to my house."

"Oh no!" replied the robber, "I can't go there. The police will know it."

The forest is this world. The three robbers are the three Gunas: goodness, passion and laziness. It is they who rob us of Self-knowledge. Laziness wants to destroy us. Passion ties us to the world. Goodness frees us from the grasp of passion and laziness. Under the protection of goodness, we are rescued from anger, passion, greed, and laziness. Goodness also loosens the bonds of the world. But goodness is also a robber. It cannot give us the pure knowledge of God. It can only show us the path leading to the house of God. We have to rise above the three Gunas and develop love of God.

Chapter 14 summary: Mother Nature puts us into these three modes or gears to get her work done through us. Actually, all work is done by these three Gunas of nature. We are not the doers, but we are responsible for our actions because we are given a mind and free will to decide and choose between right and wrong action. You can escape the influence of three Gunas by sincere effort, devotion to God and His grace.

CHAPTER 15
THE SUPREME PERSON

Jay: Grandma, I am confused by the difference between Supreme Spirit, Spirit, Divine Beings and individual souls. Will you please explain them again?

Grandma: Yes, Jay, these are terms you should understand well.

The Supreme Spirit is also called the Supreme Person, the Supreme Being, the Supersoul, the Absolute, Father, Mother, God, Ishvara, and by many other names. The Supreme Spirit is called ParaBrahma, Paramātmā, ParamaShiva, or Krishna in Sanskrit. The Supreme Spirit is the source or the root of everything. There is nothing higher than the Supreme Spirit.

Spirit (Brahma or Ātmā) is a part of the Supreme Spirit that expands and supports the entire cosmos.

Divine Beings (Devas, Devis), such as Vishnu, Brahmā, Mahesha, and many others, are the expansions of Brahma (Spirit).

Individual Souls (soul or Jiva), such as all living beings, are the expansions of Divine Beings.

The Supreme Spirit and Spirit do not change and last forever. Divine Beings come out of Spirit and have a very long life span. Individual souls or the living beings have a very limited life span.

If you compare the creation with a tree, then the Supreme Lord Krishna (the Supreme Spirit) is the root of the tree. Ātmā or Brahma (also spelled as Brahman, Brahm) is the trunk of the tree. The cosmos are the branches of the tree, and the holy books, such as the Vedas, Upanishads, and Gita, Dhammapāda, Torah, Bible, Koran, etc. are its leaves. Individual souls, such as living beings, are the fruits and flowers of the tree. Do you see how everything is connected and part of the Supreme Being?

Jay: How about planets, such as the Sun, and the Moon and the stars?

Grandma: The entire visible world, such as the Sun, Moon, Earth, other planets, and galaxies, was created by Lord Brahmā and is supported by Lord Vishnu and is destroyed by Lord Shiva or Mahesha. Remember that Brahmā, Vishnu, and Mahesha are a part of the energy of the Spirit or Brahma. The light energy of the Sun also comes from Brahma, and Brahma is a part of the Supreme Being, Lord Krishna. The sages tell us that everything is nothing but another form of Lord Krishna, the Supreme Being. Krishna is inside and outside everything. He has actually become everything. The One has become all. He also comes to earth in human form to establish law and order (Dharma) when needed (**Gita** 4.07-08).

Here is a story when the Supreme Lord Himself incarnated as Krishna about 5,100 years ago.

19. A Story of Baby Krishna

Baby Krishna had an elder half-brother named Balarāma. Both played together in the village of Gokul. Krishna's birth mother's name was Devaki. His father's name was Vasudeva. Krishna is also called Vāsudeva. Krishna spent His childhood years under the care of Aunty Yashodā. Both Balarāma and Krishna were the favorites of the village milkmaids. Their mothers loved them proudly. Yasodā and Rohini (Balarāma's mother) dressed their young boys colorfully, Krishna in yellow with a crown of peacock feathers in His hair, and Balarāma in blue. The two boys went from place to place, making friends wherever they went. Most of the time they got into a lot of trouble!

One day, they were playing outside with a few of the other village boys, digging in the dirt, making mud pies, and getting very dirty. After a while, one of the older boys ran to mother Yashodā and said, "Krishna has been a bad boy, He has been eating clay!" Yashodā was annoyed with her young son. She had also been hearing other complaints from villagers that Krishna had been stealing butter from their houses.

She came out of her house and asked Krishna angrily, "Did you really eat clay, Krishna? How many times have I told you not to put things in your mouth!"

Mother Yashoda saw entire Cosmos in Baby Krishna's mouth.

Krishna didn't want to be punished, so he played a trick on mother Yashoda. He opened His mouth wide and said, "See, Mother, I haven't been eating anything. These boys are just lying to get me in trouble."

Yashodā looked inside Krishna's mouth. There, in the little boy's mouth, she saw the whole universe---Earth and stars, the wide empty space, the entire galaxy and the Milky Way, the oceans and the mountains, the Sun and the Moon. All were contained within His mouth. She realized then that Krishna was Lord Vishnu incarnate, and she was about to fall before Him and worship.

But Krishna didn't want her to worship Him. He just wanted her to love Him the way mothers love their children. He could have come to earth in any form to fight the demons, but He liked being a little boy to a mother and a father who had performed many difficult spiritual practices to have God as their child. Baby Krishna realized that His trick had been a big mistake!

Quickly, He spread His power of Māyā over her. The next minute Yashodā was holding her son as usual, with no memory at all of what she had just seen in Krishna's mouth.

You should read interesting stories of Krishna's adventures and tricks with village milkmaids when you get time. Here are some pictures:

Krishna, the butter thief

20. The Story of Shri RamaKrishna

The Lord came to this earth as RamaKrishna, born on February 18, 1836, in the village Kamarpukur of West Bengal. Most of the stories I have told you are from his "Tales and Parables of Shri RamaKrishna." Swami Vivekananda was one of his most famous disciples. Swami Vivekananda was the first Hindu monk who came to the USA in 1893. He established the Vedanta Society in New York. RamaKrishna led a very simple life, depending on God for his daily food and other necessities of life. He would not accept any money. He was married to Sarada Ma, whom he treated like his mother and never had any child. Sarada Ma used to tell her disciples: "If you want peace of mind, do not look into others' faults; rather, look into your own. No one is a stranger; the whole world is your own." Sarada Ma also warned her disciples not to be too close with persons of the opposite gender, even if God came in that form. RamaKrishna worshipped Goddess Kali as his personal deity in a temple at Dakshineshvar near Kolkata. This temple still exists today.

Chapter 15 summary: The creation is changeable and does not last forever. It has a limited life span. Brahma or Ātmā does not change and is eternal. It is the cause of all causes. Krishna is called ParaBrahma or the Supreme Being. He is also called the Absolute because He has no origin. He is the source of Brahma. Everything in the universe comes out of Brahma. The entire visible world and its creatures are created by Brahmā, the creative power of Brahma; sustained by Vishnu's sustaining power and destroyed by Mahesha.

CHAPTER 16
DIVINE AND DEMONIC QUALITIES

Jay: I meet different types of students in the class. How many types of people are there, Grandma?

Grandma: Generally, there are only two types (or castes) of people in this world, the good and the bad **(Gita** 16.06). Most people have both good and bad qualities. If you have more good qualities, you are called a good person, and if you have more bad qualities, you are called a bad person.

Jay: If I want to be a good person, what qualities must I have?

Grandma: You must be honest, nonviolent, truthful, without anger, calm, without harmful talk, kind, not greedy, gentle, forgiving, and humble. These are also called divine qualities because they lead us to God.

Jay: What bad habits should I avoid?

Grandma: Hypocrisy, telling lies, arrogance, pride, jealousy, selfishness, anger, greed, harshness, ungratefulness, and violence---these are bad qualities because they lead us away from God. Bad qualities also lead us to do bad things and get us into trouble. Do not be friends with people who have bad qualities because they do not know what to do and what not to do. Always be grateful to those who have helped you. Ingratitude is a great sin for which there is no remedy.

Desire, anger, and greed are very destructive. Lord Krishna calls these the three gates to hell **(Gita** 16.21).

Here is a story about how greed leads to sorrow.

21. The Dog and the Bone

One day a dog found a bone. He picked it up in his mouth and went to a lonely corner to chew it. He sat there and chewed the bone for some time. Then the dog felt thirsty and picked up the bone in his mouth and walked over a small wooden bridge to drink water from the creek

When he saw his own reflection in the water, he thought there was another dog with a bone in the river. Becoming greedy, he wanted

to have the other bone also. He opened his mouth to bark and take the bone from the other dog. As soon as he opened his mouth to grab the other bone, the bone dropped out of his mouth and fell into the creek. The dog realized his mistake, but it was too late.

Greed can be overcome by being satisfied with what one has. A satisfied person is a very happy person. A greedy person cannot find true peace and happiness in life.

Jay: How can I know what to do and what not to do?

Grandma: Follow your holy books, Jay. Saints and sages tell us what to do and what not to do in our holy books. Have faith in God, and listen to your parents and elders.

We should develop as many good habits as possible. But no one has only good habits and no bad habits. Good Lord usually puts good and bad habits in the same package.

Here is a story about how Queen Draupadi discovered this truth from her own experience.

22. The Story of Queen Draupadi

Draupadi was the common wife of five Pāndavas. She was the daughter of a Rishi in her past life. She was very beautiful and virtuous, but in her past life, due to her past Karma, she had been unable to get married. This made her unhappy. So she started austerity to please Lord Shiva. After a long and difficult austerity, she pleased Lord Shiva, who asked her to choose a blessing of her choice. She asked for a husband who would be very religious, strong, a very good soldier, good looking, and gentle. Lord Shiva granted her wish.

In the next life, she was married to five brothers, but she was not very happy with this strange situation. Draupadi was a great devotee of Lord Krishna, who knows the past, present and future of all beings. He knew of her sorrow and explained what she had asked for in her past life. Lord Krishna said it was impossible for one man to have all the qualities she wanted in her husband, so she was married to five husbands in this life, who shared all these qualities among them.

After hearing this explanation from the Lord Krishna Himself, she, her parents, and her five husbands cheerfully accepted what fate had given them and lived happily.

The moral of the story is that one cannot find a husband or wife with all good or bad qualities, so one must learn to live with whatever is given by fate. There is no perfect spouse because no one has only good habits and no bad habits.

Chapter 16 summary: Generally, there are only two types of human beings: the good or divine and the bad or demonic. Most people have both good and bad qualities. Getting rid of bad habits and cultivating good habits are necessary for spiritual progress.

CHAPTER 17
THREEFOLD FAITH

Jay: Grandma, how do I know what foods to eat?

Grandma: There are three types of foods, Jay (**Gita** 17.07-10). The foods that bring long life, virtue, strength, health, happiness, and joy are juicy, smooth, substantial, and nutritious. Such health foods are the best. They are called Sattvik or healthy food.

Foods that are very bitter, sour, salty, hot, oily, and acidic are called Rājasika or undesirable foods. Such junk foods are unhealthy, cause diseases, and should be avoided.

Foods that are not well cooked, spoiled, tasteless, rotten, burned, left-over, and impure (such as meat and alcohol) are called Tamasik or bad foods. One should not eat such foods.

Jay: How should I speak to others?

Grandma: You should never tell a lie. Your

words should not be harsh, bitter, nasty, or insulting. They should be sweet, useful, and truthful (**Gita** 17.15). One who speaks politely wins the heart of all and is liked by everybody. A wise person should speak the truth if it is helpful and keep quiet if it is harsh. To help those in need is the universal teaching.

Jay: How should I help others?

Grandma: It is our duty to help those who are less fortunate and can't help themselves. Help anyone who needs help, but never expect anything in return. Charity is not only the best, but also the only use of wealth. We all should help a good cause. Give back what belongs to the world. But there are responsibilities. Money given in charity should be earned by lawful means. And we must make sure that the receiver is not a person likely to use the gift for evil purposes (**Gita** 17.20-22).

Jay: Will God give us what we want if we sincerely pray for it?

Grandma: Full faith in God makes things happen. There is nothing impossible for faith. Faith works miracles. One must have faith before starting any work. It is said in the Gita that we can become whatever we want to be if we always think about it and pray to God with faith (**Gita** 17.03). Always contemplate about what you want to be, and your dream can come true.

Here is a story about a crow that had faith.

23. The Thirsty Crow

It was a hot summer day. A crow was

very thirsty. He flew from place to place looking for water. He could not find water anywhere. Ponds, rivers, and lakes were all dry. The water in the well was too deep. Crow was very thirsty for water. He flew and flew. He was getting both tired and thirsty, but he did not give up the search.

At last he thought death was near and remembered God and started to pray for water. He saw a pitcher of water near a house. This made him very happy as he thought there must be water in the pitcher. He sat on the top of the pitcher and looked into it. To his great frustration he found that the water was at the bottom of the pitcher. He could see the water, but his beak could not reach the water. He became very sad and started to think how he could reach the water. Suddenly an idea came into his mind. There were stones near the pitcher. He picked up stones from the ground, one by one, and started dropping them into the pitcher. The water began coming up. Soon the crow could reach it easily. He drank the water, thanked God, and happily flew away.

Thus it is said, **"Where there is a will, there is a way."** The crow did what we all should do. He did not give up. He had faith that his prayer would be answered.
Here is another good story:

24. The Rabbit and the Turtle

A turtle always moves very slowly. His friend, the rabbit, often laughed at the slow turtle. One day, the turtle could not bear the insults and challenged the rabbit to run a race with him. All the animals in the jungle laughed at the idea because a race is usually between equals. A deer volunteered to be the judge.

The race started. The rabbit ran fast, and soon he was ahead of the turtle. As the rabbit came closer and closer to the winning post, he felt sure of winning. He looked back at the slow moving turtle, who was far behind.

The rabbit was so sure of winning that he thought, "I will sit under the tree and wait for the turtle. When he comes here, I shall run fast and cross the finish line before he does. This will make turtle angry, and it will be fun to see the turtle insulted."

The rabbit then sat under a tree. The turtle was still far behind. A cool wind was blowing gently. After some time passed, the rabbit fell asleep. When he woke up, he saw the turtle crossing the finish line. The rabbit had lost the race! All the animals in the jungle were laughing at the rabbit, and he learned a valuable lesson:

"Slow and steady wins the race."

You can succeed in any work if you work hard with strong faith. Be enthusiastic about what you want, and you will get it. We are the creator of our own fate. Thoughts create our future. We become what we always think of. So never think a negative thought or allow doubt to enter your mind. Keep working toward your goal. You cannot get anything through laziness, negligence, and delay. Keep your dream alive in your heart, and it will come true. All difficulties can be removed by faith in God and a firm determination to succeed. But the fruits of success must be shared with others. If you want your dream to be fulfilled, help fulfill someone else's dream!

Here is a story of a man who learned that **God helps those who help themselves.**

25. A Man Who Never Gave Up

Yava was the son of a sage who practiced hard penance to get the blessings of Indra, the King of Devas. He tortured his body with austerities and thus awakened the sympathy of Indra. Indra came before him and asked why he was hurting his body.

Yava answered: "I wish to be a great scholar of the Vedas. It takes a long time to learn the Vedas from a teacher. I am practicing austerities to get that knowledge directly. Bless me."

Indra smiled and said: "Son, you are on the wrong path. Return home, find a good teacher, and learn the Vedas from him. Austerity is not the way to learn; the path is study and study alone." With these words, Indra went away.

But Yava would not give up. He did his course of spiritual practice (austerities, penance) with even greater effort. Indra again came before Yava and warned him again. Yava announced that if his prayer was not answered, he would cut off his arms and legs one by one and offer them to the fire. No, he would never give up. He continued his penance. One morning, during his austerities, when he went to bathe in the holy Gaṅgā River, he saw an old man on the bank throwing handfuls of sand into the river.

"Old man, what are you doing?" asked Yava.

The old man replied: "I am going to build a dam across the river so people can cross the river easily. See how difficult it is now to cross it. Useful work, isn't it? "

Yava laughed and said: "What a fool you must be to think you can build a dam across this mighty river with your handfuls of sand! Go home and do some other useful work."

The old man said: "Is my work more foolish than yours of learning the Vedas, not by study, but by austerities?"

Yava now knew that the old man was

Indra. Yava earnestly begged Indra to grant him learning as a personal wish.

Indra blessed him and comforted Yava with the following words: "I grant you the wish you want. Go and read the Vedas; you will become learned."

Yava studied the Vedas and became a great scholar of the Vedas.

The secret of success is to keep thinking about what you want all the time and never give up until you get what you want. Do not let negative thoughts, such as delaying to start work, laziness, and carelessness stand in your way.

Before starting or ending any work or study, repeat OM TAT SAT, the threefold names of Brahma.

Jay: What does OM TAT SAT mean, Grandma?

Grandma: It means Krishna, the Almighty God, only exists. OM is used before starting any work or study. OM TAT SAT or OM Shantih Shantih Shantih, is also used at the end of any act.

Chapter 17 summary: There are three types of food---Sāttavik, Rājasik and Tāmasik---and they affect our well-being. Tell the truth in a pleasant way. Give charity to a deserving candidate, and give it wisely to avoid its misuse. You can become whatever you want to be if you work hard towards your goal.

CHAPTER 18
NIRVAVA BY GIVING UP EGO

Jay: Grandma, I am confused by different terms you used. Please explain to me clearly what is the difference between renunciation (Samnyāsa) and selfless work (KarmaYoga)?

Grandma: Some people think renunciation means walking away from family, home, possessions, and living in a cave or the forest or any other place outside society. But Lord Krishna defined Samnyāsa as giving up selfish motives behind all work (**Gita** 6.01, 18.02). In KarmaYoga one gives up (selfish) desire of enjoying the results of one's work. Thus a Samnyāsi is an advanced KarmaYogi who does not do anything for personal benefit. **True Samnyāsa is giving up of the ego and it leads to Nirvana or Moksha.**

Jay: What is ego, Grandma?

Grandma: Ego generally means pride or very high opinion about oneself. In a spiritual sense in the Gita it means the notion that a person is the doer, owner and enjoyer; when in a true sense Lord is the doer, owner of everything in the cosmos as well as the enjoyer. We all are just His instruments or tools; and trustees of all we own (**Gita** 11.33). Nirvana is not possible without giving up of the ego. And giving up of the ego is not possible without true spiritual knowledge of the Gita. Lord made ego to run the affairs of the society, but we must give up ego before we leave this world.

Jay: Does that mean I can't do anything for myself that gives me pleasure?

Grandma: That depends on what kind of pleasure you have in mind. Actions such as smoking, drinking, gambling, and taking drugs appear enjoyable in the beginning, but definitely produce harmful results in the end. Poison may taste delicious when you drink it, but you know its deadly results when it is too late. On the other hand, actions, such as meditation, worship, and helping the needy, seem difficult or boring in the beginning, but give very useful results in the end (**Gita** 5.22, 18.38). A very good rule to follow is to avoid any activity that seems pleasurable in the beginning but causes harmful effects in the end.

Jay: What kinds of activities in society are available, Grandma?

Grandma: In the ancient Vedic way of living, activities of human beings were divided into four universal types of human labor described by Lord Krishna (**Gita** 4.13, 18.41-44). These four divisions---Brāhmana, Kshatriya, Vaishya, and Shudra---were based on the mental, intellectual, and physical abilities of persons. The worth of the individual---not the birth or social level one was born into---was the deciding factor. But these four orders are often mistaken for the caste system of modern times in India and elsewhere. The caste system is based on birth only.

Those who were interested in learning, teaching, preaching, and guiding people in spiritual matters were called Brāhmanas or intellectuals. Those who could defend the country, establish law and order, prevent crime, and administer justice were called Kshatriyas, the warriors. Those who were good in farming, cattle-raising, business, trade, finance, commerce, and industry were known as Vaishyas or businessmen. Those who were very good in service and labor work were classed as Shudras or workers.

People are born with certain abilities or could develop them through training and effort. Birth into a family at a certain social level, whether high or low, does not decide one's worth.

The four Varna system was work assigned according to individual's skills and ability. Unfortunately, the four work classifications became degraded into hundreds of rigid castes to the detriment of this great Dharma. Swami Vivekananda considers modern day caste system in India as a big blot on the face of our great way of life (Dharma). Even some of our educated immigrants from India (NRIs) are forming caste-based associations here in the USA !

Jay: How can anybody living and

working in society attain liberation?

Grandma: Work becomes worship when done as a service to the Lord and without selfish attachment to the results. If you work honestly for which you are suited, you incur no Kārmic reaction and attain God.

If you take on work that was not meant for you, such work produces stress, and you will not be very successful. It is important to find proper work that best suits your own nature. So you should know yourself before you can decide on the job that will be suitable for you **(Gita** 18.47). Then your work will not produce stress and will encourage creativity.

There is no perfect job. Every job has some faults **(Gita** 18.48). You should not be concerned about such faults in your duty in life. You can attain God by doing your duty with devotion to God and keeping your senses under control by some spiritual practice.

The following story illustrates that one can attain Self-realization by sincerely doing one's duty **(Gita** 18.46-58).

26. I am no Crane

A holy man named Kaushika had acquired great spiritual powers. One day, he sat under a tree meditating. A crane at the top of the tree soiled his head with its droppings. Kaushika looked up at it angrily, and his angry look killed the bird instantly. The holy man was pained when he saw the dead bird lying on the ground.

Some time later, he went as usual to beg for food and stood before the door of a house. The housewife was busy serving her husband with food and seemed to forget the holy man waiting outside. After her husband had been fed, she came out with food, saying, "I am sorry to have kept you waiting long. Forgive me."

But Kaushika, burning with anger, said: "Lady, you have made me wait for a long time. This is not fair."

"Kindly forgive me," said the woman. "I was serving my sick husband and hence the delay."

"It is good to attend the husband," replied Kaushika, "but you seem to be an arrogant woman."

"I kept you waiting only because I was dutifully serving my sick husband," she replied. "Please do not be angry with me. I am no crane to be killed by your angry thought. Your anger cannot harm a woman who devotes herself to service of her husband and family."

Kaushika was surprised. He wondered how she knew of the crane incident.

She continued: "O great one, you do not know the secret of duty, or that anger is the greatest enemy that dwells in human beings. Go to the village Rampur in Mithilā and learn the secrets of doing one's duty with devotion from Vyādha Rāj"

Kaushika went to the village and met the man named Vyādha Rāj. He was surprised to learn he was selling meat at a butcher's shop. The butcher got up from his seat and asked: "Honored sir, are you well? Did that pure lady send you to me? I know why you have come. Let us go home."

The butcher took Kaushika to his house where Kaushika saw a happy family and was greatly amazed at the love and respect with which the butcher served his parents. Kaushika took his lesson from the butcher on doing one's duty. Vyādha Rāj did not kill the animals; he never ate meat. He just carried on his family business after his father retired.

Afterwards, Kaushika returned to his house and began to serve his parents, a duty which he had neglected before.

The moral of this story is that **you can reach spiritual perfection by honestly doing whatever duty is yours in life. This is a true worship of God (Gita 18.46).**

Lord Krishna lives within all of us and guides us to work out our own Karma **(Gita** 18.61). Put forth your best effort, and gladly accept the results as His will. This is called surrendering to God or giving up of the ego **(Gita** 18.66). The gift of spiritual knowledge is the best gift because the absence of spiritual knowledge is the cause of all evil in the world. Spreading spiritual knowledge is the highest devotional service to Lord Krishna **(Gita 18.68-69).**

Everlasting peace and wealth are possible only when you do your duty well and also have the spiritual knowledge given in the Holy Gita by Lord Krishna **(Gita** 18.78).

Chapter 18 summary: Lord Krishna said that there is no real difference between a KarmaYogi and Samnyāsi. A KarmaYogi gives up the selfish attachment to the fruits of work, whereas a Samnyāsi does not work for any personal gain at all. There are two types of pleasures---helpful and harmful. Society has different work to suit different people. One should choose work wisely. **You can get God-realization while living in society by following the three D's — Duty, Discipline and Devotion to God.**

This book is offered to Lord Shri Krishna. May He bless all those--who study it regularly and practice the teachings--with Goodness, Prosperity, and Peace.

OM TAT SAT

विषय-सूची

श्रीमद् भगवद्गीता
(किशोरों और आरम्भिक पाठकों के लिए)

> नोट– अधिक लाभ के लिए गीताज्ञान के इस ग्रन्थ को बड़ों की देखरेख में सीखना चाहिए.

विषय प्रवेश

जय : दादी मां, मुझे भगवद्गीता की शिक्षा को समझने में बहुत कठिनाई आ रही है. क्या आप इसमें मेरी सहायता करेंगी?

दादी मां : जरूर-जरूर जय. मुझे बहुत खुशी होगी. तुम्हें जानना चाहिए कि यह पावन ग्रन्थ हमें सिखाता है कि हम संसार में सुख से कैसे रहें. यह हिन्दू धर्म (जिसे सनातन धर्म भी कहा जाता है) का अति प्राचीन पावन ग्रन्थ है. किन्तु इसकी शिक्षा को किसी भी धर्म के अनुयायी समझ सकते हैं और उस पर आचरण कर सकते हैं. गीता में 18 अध्याय हैं और कुल मिलाकर केवल 700 श्लोक हैं. इसकी शिक्षाओं में से प्रतिदिन कुछ का ही अभ्यास करना किसी के लिए भी सहायक हो सकता है. प्रस्तुत है गीता की भूमिका--

प्राचीन काल में एक राज के दो बेटे थे- धृतराष्ट्र और पाण्डु. धृतराष्ट्र जन्म से ही अन्धा था. अत: पाण्डु को राज्य मिला. पाण्डु के पांच पुत्र थे, वे पाण्डव कहलाते थे. धृतराष्ट्र के सौ बेटे थे, उन्हें कौरव कहा जाता था. पाण्डवों में युधिष्ठिर सबसे बड़े थे और कौरवों में दुर्योधन.

पाण्डु के मरने के बाद उनका सबसे बड़ा बेटा युधिष्ठिर राजा बना. दुर्योधन को इससे बहुत ईर्ष्या हुई. वह भी राज्य चाहता था. अत: राज्य को दो भागों में बांट दिया गया, पाण्डवों और कौरवों के बीच. किन्तु दुर्योधन को अपना भाग लेकर सन्तोष न हुआ. उसे तो सारा राज्य चाहिए था. उसने पाण्डवों को मारने और उनका राज्य हथियाने के लिए अनेक दुष्टता भरे पड्यन्त्र किये. अन्त में किसी तरह उसने पाण्डवों का सारा राज्य हड़प ही लिया और बिना युद्ध के उसे पाण्डवों को लौटाने से साफ मना कर दिया. भगवान् श्रीकृष्ण तथा अन्य लोगों द्वारा शान्ति-वार्ता हेतु किये गये सभी प्रयल निष्फल हुए. इसलिए महाभारत के युद्ध को टालना असम्भव हो गया.

पाण्डव लड़ना नहीं चाहते थे, किन्तु उनके सामने दो ही रास्ते थे. या तो वे अपने अधिकारों के लिए लड़ें (जो उनका कर्तव्य भी था) या लड़ाई से भागकर शान्ति और अहिंसा के नाम में हार स्वीकार करें. लड़ाई के मैदान में पांचों पाण्डवों में से एक अर्जुन के सामने लड़ाई में इन मार्गों में से कौन सा चुने, यह समस्या उठी.

अर्जुन को दो मार्गों में से एक को चुनना था. या तो वह युद्ध करे और अपने परम पूज्य गुरु की, परम प्रिय मित्रों की, निकट सम्बन्धियों और निर्दोष सैनिकों की हत्या करे, जोकि दूसरे पक्ष की ओर से लड़ रहे थे, या शान्तिप्रिय और अहिंसक होकर युद्ध से भाग खड़ा हो. गीता के सम्पूर्ण अठारह अध्याय संशयग्रस्त अर्जुन और उसके सर्वश्रेष्ठ मित्र, हितैषी और ममेरे भाई भगवान् कृष्ण, जो ईश्वर के अवतार थे, के बीच लगभग पांच हजार एक सौ वर्ष पहले नई दिल्ली के पास कुरुक्षेत्र के लड़ाई के मैदान में हुआ संवाद है. यह संवाद अन्धे धृतराष्ट्र को उसके सारथी संजय ने सुनाया था. महाकाव्य महाभारत में यह संवाद अंकित है.

मनुष्य का हो या अन्य जीवों का—सबका जीवन पवित्र है. अहिंसा हिन्दू धर्म का एक मूल सिद्धान्त है— परम धर्म है. इसलिए अगर तुम महाभारत के युद्ध की भूमिका को ध्यान में नहीं रखते, तो तुम्हें भगवान् कृष्ण द्वारा अर्जुन को 'उठो और लड़ो' की सलाह और अहिंसा के सिद्धान्त के बारे में शंका हो सकती है.

याद रखो कि परमप्रभु श्रीकृष्ण और उनके भक्त-मित्र अर्जुन के बीच में यह आध्यात्मिक संवाद किसी मन्दिर या एकान्त वन में अथवा किसी पर्वत शिखा पर नहीं हुआ, वरन् होता है युद्ध की पहली संध्या पर, लड़ाई के मैदान में.

जय : बहुत ही दिलचस्प कहानी है यह तो, दादी मां. क्या आप मुझे और बतायेंगी?

दादी मां : अगर तुम वहां आओगे जय, जहां मैं रोज शाम को बैठती हूं, तो मैं रोज तुम्हें एक-एक अध्याय करके पूरी बात बताऊंगी. हां, इस बात का पूरा ध्यान रखना कि तुम्हारी पढ़ाई का काम अधूरा न रहे और तुम्हारे पास सुनने के लिए काफी समय हो. अगर तुम्हें यह मंजूर है, तो कल से ही शुरू करें.

जय : धन्यवाद, दादी मां. मैं और सुनने के लिए जरूर वहां आऊंगा.

अध्याय एक
अर्जुन का विषाद और मोह

जय : दादी मां, सबसे पहले तो मैं यह जानना चाहूंगा कि युद्ध क्षेत्र में भगवान् कृष्ण और अर्जुन के बीच यह संवाद कैसे हुआ?

दादी मां : यह घटना इस प्रकार घटी. महाभारत का युद्ध शुरू होने वाला ही था--श्रीकृष्ण और दूसरे लोगों के युद्ध को टालने के लिए किये गये सभी प्रयल निष्फल हुए थे. जब युद्धक्षेत्र में सैनिक जमा हो गये थे, तो अर्जुन ने भगवान् कृष्ण से अपना रथ दोनों सेनाओं के बीच ले जाने की प्रार्थना की ताकि वह उन लोगों को देख सके, जो युद्ध के लिए तैयार थे. युद्धक्षेत्र में अपने सभी सम्बन्धियों, मित्रों और सैनिकों को देखकर और उनके मरने के भय से अर्जुन के हृदय में 'करुणा' जाग उठी.

जय : दादी मां, करुणा का क्या अर्थ है?

दादी मां : करुणा का अर्थ दया नहीं है, जय. दया का अर्थ होगा, दूसरों को अपने से नीचा समझना--बेचारे निस्सहाय प्राणी मानना. अर्जुन तो उनकी पीड़ा और अपनी ही तरह उनकी दुर्भाग्य भरी स्थिति अनुभव कर रहा था. अर्जुन एक महान योद्धा था, जो बहुत से युद्ध लड़ चुका था और इस युद्ध के लिए भी तैयार था. किन्तु अचानक मन में जगी करुणा के कारण उसकी युद्ध करने की इच्छा जाती रही. वह युद्ध के दोषों के बारे में बोलने लगा और दुःखी मन से रथ के पीछे के भाग में बैठ गया. उसे युद्ध का कोई लाभ दिखाई न दिया. उसे पता न था कि वह क्या करे.

जय : मैं उसे दोष नहीं देता. मैं भी दूसरों से लड़ना नहीं चाहूंगा. लोग लड़ते क्यों हैं, दादी मां? युद्ध क्यों होते हैं?

दादी मां : जय, युद्ध केवल राष्ट्रों के बीच में ही नहीं होते, झगड़े तो दो व्यक्तियों के बीच में भी होते हैं--भाइयों और बहनों के बीच में, पति-पत्नी के बीच में, मित्रों और पड़ौसियों के बीच में. इसका मूल कारण है कि लोग अपने स्वार्थ भरे उद्देश्यों और इच्छाओं का त्याग नहीं कर सकते. अधिकांश युद्ध सत्ता और अधिकार के लिए लड़े जाते हैं. अधिकांश समस्याएं शान्ति से सुलझाई जा सकती हैं, यदि लोग समस्या को दोनों पक्षों से देख सकें और कोई समझौता कर सकें. युद्ध अन्तिम विकल्प (उपाय, चारा) होना चाहिये. हमारे धर्मग्रन्थों का कहना है-- दूसरों के प्रति हिंसा नहीं करनी चाहिये. अनु-

चित हत्या सब स्थितियों में दण्डनीय है. भगवान् कृष्ण अर्जुन को अपने अधिकारों के लिए युद्ध करने को प्रेरित करते हैं, अनावश्यक हत्या करने के लिए नहीं. घोषित युद्ध में लड़ना अर्जुन के लिए क्षत्रिय होने के कारण कर्तव्य था, पृथ्वी पर शान्ति, कानून और व्यवस्था स्थापित करने के लिए.

हम सब प्राणियों के भीतर भी युद्ध चलते ही रहते हैं. हमारी नकारात्मक और सकारात्मक--बुरी और अच्छी-- शक्तियां सदा लड़ती रहती हैं. हमारी नकारात्मक शक्तियों के प्रतिनिधि हैं कौरव, और पाण्डव सकारात्मक शक्तियों के प्रतिनिधि हैं. गीता में शिक्षा को चित्रित करने के लिए कहानियां नहीं हैं, इसलिए मैं तुम्हारी सहायता के लिए दूसरे स्रोतों से कुछ कहानियां कहूंगी.

तो प्रस्तुत है नकारात्मक और सकारात्मक विचारों की आपस में लड़ाई की एक कथा, जो महाभारत में स्वयं भगवान् कृष्ण ने अर्जुन को सुनाई थी.

1. सत्यवादी

एक बार कहीं एक महान् साधु रहता था. वह सदा सत्य बोलने के लिए प्रसिद्ध था. उसने सच बोलने की शपथ ली थी और वह 'सत्यमूर्ति' के नाम से प्रसिद्ध था. वह जो भी कहता था, लोग उसका विश्वास करते थे, क्योंकि जिस समाज में वह रहता और तपस्या करता था, उसमें उसने महान् कीर्ति अर्जित कर ली थी.

एक दिन शाम के वक्त एक डाकू किसी व्यापारी को लूटकर उसकी हत्या करने के लिए उसका पीछा कर रहा था. व्यापारी अपनी जान बचाने के लिए भाग रहा था. डाकू से बचने के लिए वह व्यापारी गांव से बाहर उस वन की ओर भागा, जहां साधु रहता था.

व्यापारी ने अपने आपको बहुत सुरक्षित महसूस किया क्योंकि जिस जंगल में वह छिपा था, उसका पता लगाना डाकू के लिए असम्भव था. किन्तु साधु ने उस दिशा को देख लिया था, जिस ओर व्यापारी भागा था.

डाकू साधु की कुटिया के पास आया. उसने साधु को प्रणाम किया. डाकू को पता था कि साधु सच ही बोलेगा और उसका विश्वास किया जा सकता था. इसलिए उसने साधु से पूछा, "क्या आपने किसी आदमी को भागते हुए देखा है?" साधु जानता था कि डाकू अवश्य ही किसी को लूटकर उसकी हत्या करने के लिए उसे ढूंढ़ रहा होगा. अब साधु के सामने बहुत बड़ी समस्या थी. यदि वह सच बोलता है, तो निश्चित ही व्यापारी मारा जायेगा. और यदि वह झूठ बोलता है, तो

वह झूठ बोलने के पाप का भागी होगा और अपनी कीर्ति खो बैठेगा. अहिंसा और सत्य सभी धर्मों की दो महत्त्वपूर्ण शिक्षाएं हैं, जिनका हमें पालन करना चाहिये. अब यदि इन दोनों में से एक को चुनना पड़े, तो किसे चुनें? यह बहुत कठिन चुनाव है.

अपने सत्य बोलने के स्वभाव के कारण साधु ने कहा, "हां, मैंने किसी को उस ओर भागते देखा है." इस प्रकार डाकू व्यापारी को ढूंढकर उसे मारने में सफल हुआ. सच को छिपाकर साधु एक व्यक्ति का जीवन बचा सकता था. किन्तु उसने ध्यान से नहीं सोचा और गलत निर्णय लिया.

भगवान् कृष्ण का अर्जुन को यह कहानी सुनाने का उद्देश्य अर्जुन को यह शिक्षा देना था कि कभी-कभी दो में से किसी एक को चुनना आसान नहीं होता है. अर्जुन के सामने भी यही समस्या थी. भगवान् कृष्ण ने अर्जुन को बताया कि एक व्यक्ति की हत्या करने के पाप में डाकू के साथ साधु भी भागी है. इसलिए जब दो आदर्शों (सिद्धान्तों) में टकराव होता है तो हमें देखना होगा कि कौन सा सिद्धान्त ऊंचा है. अहिंसा सबसे ऊंची है, इसलिए साधु को एक व्यक्ति के प्राण बचाने के लिए इस परिस्थिति में झूठ बोलना चाहिये था. यदि सच बोलने से एक व्यक्ति को किसी भी प्रकार की हानि पहुंचती है, तो सच बोलना जरूरी नहीं है. कभी-कभी जीवन की वास्तविक स्थितियों में धर्म का पालन आसान नहीं है और कभी-कभी इस बात का निर्णय करना भी बहुत कठिन है कि धर्म-अधर्म क्या है. ऐसी स्थिति में विद्वानों की सलाह लेनी चाहिये.

भगवान् कृष्ण ने एक और उदाहरण भी दिया है कि एक डाकू किसी गांव को लूटने और ग्रामवासियों की हत्या करने गया था. ऐसी अवस्था में डाकू की हत्या करना अहिंसात्मक कर्म होगा, क्योंकि एक की हत्या करने से बहुत से व्यक्तियों के प्राण बचेंगे. स्वयं भगवान् श्रीकृष्ण को बहुत बार महाभारत के युद्ध को जीतने के लिए और सब पापियों को ख़त्म करने के लिए ऐसे निर्णय लेने पड़े थे.

जय, याद रखो, झूठ मत बोलो, किसी की हत्या न करो, न किसी को हानि पहुंचाओ. किन्तु सबसे बड़ी प्राथमिकता है किसी की जान बचाना.

पहले अध्याय का सार-- अर्जुन ने अपने मित्र भगवान् कृष्ण से अपना रथ दोनों सेनाओं के बीच में ले जाने को कहा, ताकि वह कौरवों और पाण्डवों की सेना को देख सके. विरोधी पक्ष में अपने मित्रों और सम्बन्धियों को देखकर, जिनकी हत्या युद्ध जीतने के लिए उसे करनी होगी, अर्जुन के हृदय में गहरी करुणा उपजी. उसका मन संशय से भर उठा. उसने युद्ध के दोषों का वर्णन किया और युद्ध करने से मना कर दिया.

अध्याय दो
ब्रह्मज्ञान

जय : दादी मां, अगर अर्जुन के हृदय में उन सबके लिए, जिन्हें उसे युद्ध में मारना था, इतनी करुणा भरी थी, तो वह कैसे रणक्षेत्र में जाकर युद्ध कर सकता था?

दादी मां : बिल्कुल यही तो अर्जुन ने भगवान् कृष्ण से पूछा था. उसने कहा, "मैं युद्ध में अपने बाबा, गुरु और अन्य सब सम्बन्धियों पर कैसे बाण चला सकता हूं? (गीता 2.04)
(यहां #2 है अध्याय # और #04 है श्लोक #)

अर्जुन की बात ठीक थी. वैदिक संस्कृति में गुरु और वृद्धजन आदर के पात्र हैं. किन्तु धर्मग्रन्थों में यह भी कहा गया है कि कोई भी व्यक्ति, जो गलत या गैर कानूनी काम तुम्हारे या किसी और के साथ करता है अथवा ऐसे कार्यों का समर्थन करता है, तो वह सम्मान का पात्र नहीं है. उसे दण्ड दिया जाना चाहिये.

अर्जुन अपने कर्तव्य के प्रति संशयग्रस्त था. उसने भगवान् कृष्ण से मार्गदर्शन की प्रार्थना की. भगवान् कृष्ण ने तब उसे आत्मा और शरीर के सही ज्ञान की शिक्षा दी.

जय : आत्मा क्या है, दादी मां, उसका रूप क्या है?

दादी मां : आत्मा वह तत्त्व है, जिससे हमें अपने होने का भाव होता है. आत्मा शरीर की तरह न पैदा होती है, न कभी मरती है. हमारा शरीर ही पैदा होता है और मरता है, आत्मा नहीं. आत्मा अमर है, सदा रहने वाली है. आत्मा शरीर को सहायता देती है, आत्मा शरीर का आधार है. आत्मा के बिना शरीर मर जाता है. आत्मा हमारे शरीर, मस्तिष्क और इन्द्रियों को शक्ति देती है, वैसे ही जैसे हवा आग को. आत्मा को शस्त्र नहीं काट सकते, आग नहीं जला सकती, हवा नहीं सुखा सकती, न ही जल गला सकता. इसलिए हमें शरीर के मरने पर शोक नहीं करना चाहिये क्योंकि शरीर के भीतर की आत्मा कभी नहीं मरती है. (गीता 2.23-24)

जय : दादी मां, आत्मा और शरीर में क्या अन्तर है?

दादी मां : सब शरीरों में एक वही आत्मा निवास करती है. समय के साथ हमारा शरीर बदलता है. हमारा बुढ़ापे का शरीर बचपन के शरीर से अलग होता है. किन्तु आत्मा नहीं बदलती

है. आत्मा बचपन के शरीर को ग्रहण करती है, जवानी के शरीर को और बुढ़ापे के शरीर को ग्रहण करती है, जब तक जीवन है. और मृत्यु के बाद दूसरा नया शरीर ग्रहण कर लेती है.(गीता 2.13) आत्मा सार्वभौमिक और सार्वकालिक है, अर्थात् हर जगह और हर समय में रहती है. व्यक्ति के शरीर में निवास करने वाली आत्मा को जीवात्मा या 'जीव' भी कहा जाता है. यदि हम आत्मा की तुलना वन से करें, तो व्यक्तिगत आत्मा (या जीव) की तुलना वन के पेड़ से की जा सकती है.

शरीर को आत्मा का वस्त्र कहा गया है. जैसे हम पुराने, फटे हुए वस्त्र को त्यागकर नये वस्त्र को धारण करते हैं, वैसे ही आत्मा मृत्यु के बाद पुराने शरीर को छोड़कर नया शरीर ले लेती है. इस प्रकार मृत्यु आत्मा के वस्त्र बदलने जैसा है.(गीता 2.22) सभी जीव जन्म और मृत्यु के बीच में दिखाई देते हैं. वे जन्म के पहले और मृत्यु के बाद नहीं दिखते, उस समय वे अपने अदृश्य रूप में रहते हैं.(गीता 2.28) इसलिए हमें शरीर के मरने का शोक नहीं करना चाहिये. हमलोग शरीर नहीं हैं. हम शरीर में रहनेवाली आत्मा हैं, यानि शरीर को धारण किये हुए आत्मा. मृत्यु का अर्थ केवल यही है कि हमारी आत्मा एक शरीर से दूसरे शरीर में चली जाती है.

जय : तब अर्जुन युद्धक्षेत्र में हुई प्रियजनों की मृत्यु पर शोक क्यों कर रहा था? वह लड़ना क्यों नहीं चाहता था?

दादी मां : अर्जुन एक महान् योद्धा था, जय, पर वह युद्ध से भागकर एक संन्यासी का सहज जीवन बिताना चाहता था. भगवान् कृष्ण ने अर्जुन को कर्मयोग के सुन्दर विज्ञान अथवा शान्तिपूर्ण सार्थक जीवन का शास्त्र देकर हमें जीवन-संग्राम का सामना करना सिखाया है. गीता के तीसरे अध्याय में हमें इसके बारे में और अधिक बताया गया है.
अर्जुन को युद्ध के परिणामों की चिन्ता थी. किन्तु भगवान् कृष्ण हमें परिणामों या फलों की--जैसे लाभ-हानि, जय-पराजय, सफलता-असफलता की अधिक चिन्ता किये बिना अपने कर्तव्य करने को कहते हैं. (गीता 2.38) अब यदि तुम हर समय अपनी पढ़ाई के परिणामों की ही चिन्ता करते रहोगे, तो तुम कभी भी अपना मन अच्छी तरह पढ़ाई में नहीं लगा सकोगे. हमेशा असफलता का भय तुम्हें सताता रहेगा.

जय : पर दादी मां, यदि अर्जुन विजय या कुछ पाने के लिए नहीं लड़ रहा था, तो वह पूरे मन से युद्ध कैसे कर सकता था?

दादी मां : अवश्य ही अर्जुन को विजय के लिए लड़ना था, पर उसे युद्ध करते समय परिणामों की चिन्ता करके अपनी इच्छा-शक्ति को कमजोर नहीं करना चाहिये था. उसे युद्ध के समय हर पल अपना सारा ध्यान, अपनी सारी शक्ति उसी में लगानी चाहिये थी. वही शक्ति सर्वश्रेष्ठ परिणाम को देने वाली है.

भगवान् कृष्ण हमें बताते हैं कि हमारा अपने कर्मो पर तो वश है, किन्तु अपने कर्मो के फलों पर नहीं. (गीता 2.47) हरि भल्ला का कहना है : एक किसान किस प्रकार अपनी भूमि में क्या करता है, यह तो पूरा-पूरा उसके वश में है, पर उसमें उपजी फसल कैसी होगी या नहीं होगी इसपर उसका कोई वश नहीं है. किन्तु बिना भूमि पर पूरी शक्ति और साधन के साथ काम किये बिना वह किसी भी फसल की आशा नहीं कर सकता.

हमें वर्तमान में पूरी शक्ति से कर्म करना चाहिये, भविष्य की चिन्ता भविष्य को ही करने दें.

जय : क्या आप मुझे सफलता के रहस्यों को और विस्तार से बतायेंगी, जैसे कि अर्जुन को भगवान् कृष्ण ने बताया था.

दादी मां : हमें अपने काम या पढ़ाई में पूरी तरह इस प्रकार खो जाना चाहिये, जिससे और किसी भी बात का-- यहां तक कि काम के फल का भी ध्यान न रहे. अपने कर्म के श्रेष्ठतम परिणामों की प्राप्ति के लिए हमें पूरे मनको अपने काम पर ही केन्द्रित करना चाहिये, इधर-उधर नहीं.

कर्म को परिणामों की चिन्ता किये बिना पूरे मन के साथ करना चाहिये. यदि हम अपना पूरा ध्यान और पूरी शक्ति कर्म में ही लगा सकें, और अपनी शक्ति को परिणामों के चिन्तन में न बिखरने दें, तो हमारे कर्म का परिणाम अच्छा ही होगा. परिणाम, कर्म में लगाई गई शक्ति पर निर्भर करता है. कर्म करते समय हमें फल की चिन्ता न करने के लिए कहा गया है. इसका अर्थ यह नहीं कि हम परिणामों की ओर बिल्कुल ही ध्यान न दें. **किन्तु हमें हर समय केवल लाभकारी फलों की आशा भी नहीं करनी चाहिये.**

सार्थक जीवन जीने का रहस्य है पूरी तरह सक्रिय होना और शक्ति भर काम करना, बिना अपने स्वार्थपूर्ण उद्देश्यों और परिणामों का चिन्तन किये. आत्मज्ञानी पुरुष सब की भलाई के लिए काम करता है.

जय : आत्मज्ञानी व्यक्ति के क्या लक्षण हैं, दादी मां?

दादी मां : आत्मज्ञानी (स्थितप्रज्ञ) एक पूर्ण व्यक्ति है, जय. भगवान् कृष्ण कहते हैं कि पूर्ण व्यक्ति का मन कठिनाइयों से विचलित नहीं होता है. वह सुख के पीछे नहीं भागता है. भय, इच्छा (काम), लोभ और मोह से मुक्त होता है और मन व इन्द्रियों पर अंकुश रखता है. (गीता 2.56) आत्मज्ञानी (स्थितप्रज्ञ) व्यक्ति को क्रोध नहीं आता है, वह सदा शान्त और प्रसन्न रहता है.

जय : दादी मां, हम क्रुद्ध होने से कैसे बच सकते हैं?

दादी मां : हमें क्रोध आता है, जब हमारी इच्छा पूरी नहीं होती. (गीता 2.62) अत: क्रोध को काबू में रखने का श्रेष्ठतम उपाय है-- इच्छाओं का दास न होना. हमें अपनी इच्छाओं को सीमित करने की ज़रूरत है. इच्छाएं हमारे मन में पैदा होती हैं, इसलिए हमें अपने मन को काबू में रखना चाहिये. यदि हम मन को काबू में नहीं रखते हैं, तो हम बिना पाल के जहाज़ की तरह भटक जायेंगे. सुख की कामना हमें पाप की अंधेरी गली में ले जाती है, मुसीबतों में डालती है और हमारी प्रगति को रोकती है. (गीता 2.67) एक विद्यार्थी होने के नाते तुम्हें अपने लिए सुख से ऊंचा ध्येय निश्चित करना चाहिये. पूरे प्रयल से पढ़ाई में मन लगाना चाहिये.

अर्जुन इस प्रकार के ध्यान केन्द्रित करने वाले का बहुत अच्छा उदाहरण है. उसके विषय में एक कथा सुनो.

2. दीक्षान्त परीक्षा

गुरु द्रोण कौरवों और पाण्डवों दोनों को अस्त्र-शस्त्र विद्या की शिक्षा देने वाले गुरु थे. उनकी सैनिक शिक्षा की समाप्ति के बाद अंतिम परीक्षा का समय आया. द्रोण ने समीप के एक पेड़ की शाखा पर लकड़ी का एक बाज़ रखा. कोई नहीं जानता था कि वह केवल एक खिलौना था. वह असली बाज़ जैसा लगता था. दीक्षान्त परीक्षा उत्तीर्ण करने के लिए सभी छात्रों को एक बाण से बाज़ का सिर काटना था.

गुरु द्रोण ने सबसे पहले पाण्डवों में सबसे बड़े युधिष्ठिर को बुलाकर कहा, "तैयार हो जाओ, बाज़ को देखो और मुझे बताओ कि तुम क्या देख रहे हो?" युधिष्ठिर ने उत्तर दिया, "मैं आकाश को देख रहा हूं, बादलों को, पेड़ के तने को, शाखाओं को वहां बैठे हुए बाज़ को देख रहा हूं."

गुरु द्रोण इस उत्तर से बहुत प्रसन्न नहीं हुए. उन्होंने एक-एक करके सभी छात्रों से वही प्रश्न पूछा. उनमें से प्रत्येक ने वैसा ही उत्तर दिया. तब परीक्षा के लिए अर्जुन की बारी आई.

द्रोण ने अर्जुन से कहा, "तैयार हो जाओ. बाज़ को देखो और मुझे बताओ तुम क्या देख रहे हो?"

अर्जुन ने उत्तर दिया, "मैं केवल बाज़ को देख रहा हूं, और कुछ भी नहीं."

द्रोण ने तब दूसरा प्रश्न पूछा, "यदि तुम बाज़ को देख रहे हो, तो मुझे बताओ उसका शरीर कितना मजबूत है और उसके पंखों का रंग क्या है?"

अर्जुन ने उत्तर दिया, "मैं केवल उसके सिर को देख रहा हूं, सारे शरीर को नहीं."

गुरु द्रोण अर्जुन के उत्तर से बहुत प्रसन्न हुए. उन्होंने उसे परीक्षा पूर्ण करने की आज्ञा दी. अर्जुन ने सहज ही एक ही बाण से बाज़ का सिर काट गिराया, क्योंकि वह अपने लक्ष्य पर एकाग्रचित्त होकर ध्यान केन्द्रित कर रहा था. परीक्षा में उसे पूरी सफलता मिली.

अर्जुन अपने समय का न केवल सबसे बड़ा योद्धा था, वरन् वह एक करुणा भरा कर्मयोगी भी था. भगवान् कृष्ण ने गीता का ज्ञान देने के लिए अर्जुन को ही माध्यम चुना.

हम सभी को अर्जुन के पदचिन्हों पर चलना चाहिये. **"गीता पढ़ो, आगे बढ़ो"** और अर्जुन की तरह बनो. जो भी काम तुम करो, पूरे मन से एकाग्रचित्त होकर करो. गीता के कर्मयोग का यही मूलमंत्र है और तुम्हारे हर काम में सफलता का यही रहस्य है.

अध्याय 2 का सार : भगवान् कृष्ण ने अर्जुन के माध्यम से हमें आत्मा और शरीर में अन्तर की शिक्षा दी. हम केवल शरीर ही नहीं, आत्मा हैं. आत्मा अजन्मा है और अविनाशी है. मानवीय और अमानवीयों, सभी शरीरों में एकही आत्मा रहती है. इस प्रकार हम सब एक दूसरे से जुड़े हैं. सफलता या असफलता की चिन्ता किये बिना हमें अपनी योग्यता के अनुसार अपना कर्त्तव्य पूरा करना चाहिये. हमें अपनी असफलताओं से शिक्षा लेनी चाहिये और असफलताओं से हार न मानकर आगे बढ़ना चाहिये. पूर्ण (स्थितप्रज्ञ) व्यक्ति बनने के लिए हमें अपनी इच्छाओं पर काबू पाना ज़रूरी है.

अध्याय तीन
कर्मयोग कर्त्तव्यमार्ग

जय : दादी मां, हमें अपनी इच्छाओं पर काबू क्यों करना चाहिये?

दादी मां : जब इन्द्रियों के सुख के लिए गलत व्यवहार चुनते हो, तो तुम उसके परिणामों को भी चुनते हो, इसीलिए

कोई भी काम सबके भले के लिए किया जाना चाहिये, अपनी इच्छाओं को शान्त करने के लिए या व्यक्तिगत लाभ के लिए नहीं. कर्मयोग के अभ्यास करने वाले को कर्मयोगी कहते हैं. कर्मयोगी सेवा का सही मार्ग चुनता है और अपने काम को पूजा का रूप दे देता है. कर्मयोग में कोई भी काम किसी दूसरे काम से अधिक या कम महत्त्वपूर्ण नहीं है.

जय : चाचा हरि पिछले वर्ष भगवान् की खोज में घर छोड़कर एक आश्रम में चले गये. क्या भगवान् की खोज में हमें घर छोड़ना पड़ता है?

दादी मां : नहीं, बिल्कुल नहीं. गीता में भगवान् कृष्ण ने भगवान् की प्राप्ति के लिए हमें अलग-अलग रास्ते दिखलाये हैं. जो मार्ग तुम चुनते हो, वह तुम्हारी व्यक्तिगत प्रकृति पर निर्भर करता है. साधारणत: दुनिया में दो तरह के लोग हैं. अन्तर्मुखी (introvert), अध्ययनशील; और बहिर्मुखी या कर्मशील (extrovert). चाचा हरि जैसे अन्तर्मुखी लोगों के लिए आध्यात्मिक ज्ञान का मार्ग सर्वश्रेष्ठ है. इस मार्ग का अनुसरण करने वाले किसी **सच्चे आध्यात्मिक** गुरु की शरण में जाते हैं, जिनकी सही देख-रेख में वे वैदिक ग्रन्थों का अध्ययन करते हैं. इस मार्ग में हम इस ज्ञान की प्राप्ति करते हैं कि हम कौन हैं और हम कैसे सुख-शान्ति का जीवन बिता सकते हैं.

जय : क्या भगवान् को समझने और पाने के लिए हमें सब शास्त्र-ग्रन्थों को पढ़ना ज़रूरी है?

दादी मां : हमारे धर्म में अनेक शास्त्र-ग्रन्थ हैं. चार वेद, एक सौ आठ उपनिषद, अठारह पुराण, रामायण, महाभारत, सूत्र-ग्रन्थ और अन्य बहुत से ग्रन्थ हैं. उन सब का अध्ययन करना एक कठिन काम है. किन्तु भगवान् कृष्ण ने हमारे जानने योग्य हर चीज़ को गीता में कह दिया है. गीता में आज के समय के लिए सभी वेदों और उपनिषदों का सार उपलब्ध है.

जय : चाचा पुरी किसान हैं और उनकी कोई रुचि गीता पढ़ने में नहीं है. वे कहते हैं, गीता बहुत कठिन है और उनके जैसे साधारण लोगों के लिए नहीं है. तो उन्हें भगवान् की प्राप्ति कैसे हो सकती है?

दादी मां : चाचा पुरी को दूसरा, कर्मयोग का मार्ग ग्रहण करना चाहिये. गीता के इस अध्याय में उसका वर्णन है. यह कर्त्तव्य या निष्काम सेवा का मार्ग है. यह मार्ग अधिकांश लोगों के लिए अच्छा है, जो परिवार को पालने के लिए कठिन परिश्रम करते हैं और जिनके पास शास्त्रों को पढ़ने के

लिए समय नहीं है, न उनमें रुचि. इस मार्ग पर चलने वालों के लिए घर छोड़कर किसी आश्रम में जाना ज़रूरी नहीं. वे अपने स्वार्थ भरे उद्देश्यों का त्याग कर के समाज के भले के लिए काम करते हैं, केवल अपने लिए नहीं.

जय : लेकिन अगर लोग अपने स्वार्थ भरे उद्देश्यों के लिए काम करेंगे, तो वे अधिक परिश्रम करेंगे, हैं न दादी मां.

दादी मां : यह तो सच है कि यदि लोग अपने स्वार्थ भरे लाभ के लिए काम करेंगे, तो अधिक कमा सकेंगे, किन्तु ऐसा करने से उन्हें स्थायी सुख और शान्ति नहीं मिलेगी. केवल वे ही लोग जो सबके भले के लिए नि:स्वार्थ भाव से अपना कर्त्तव्य पूरा करेंगे, सच्ची शान्ति और सन्तोष पायेंगे.

जय : यदि लोग अपने व्यक्तिगत लाभ के लिए काम नहीं करेंगे, तो क्या वे तब भी अच्छी तरह काम करेंगे और आलसी नहीं हो जायेंगे?

दादी मां : सच्चा कर्मयोगी व्यक्तिगत लाभ के बिना भी परिश्रम करता है. अज्ञानी केवल व्यक्तिगत लाभ के लिए ही काम करते हैं. दुनिया सहज रूप से इसीलिए चल रही है कि लोग अपना कर्त्तव्य पूरा करते हैं. माता-पिता परिवार के पोषण के लिए परिश्रम करते हैं, और बच्चे अपने हिस्से का काम. कोई भी हर समय निष्क्रिय या निठल्ला नहीं रह सकता. अधिकांश लोग किसी न किसी काम में लगे ही रहते हैं और यथाशक्ति काम करते हैं. सृष्टिकर्त्ता ब्रह्मा ने मानव को अपनी पहली शिक्षा दी, जब उन्होंने कहा, तुम सब प्रगति करो, फलो-फूलो. एक दूसरे की सहायता करते हुए और सही रूप में अपने कर्त्तव्य का पालन करते हुए.

जय : यदि केवल अपने ही लाभ के लिए परिश्रम करें, तो क्या होगा?

दादी मां : तो वे पाप करेंगे. जय, दूसरों पर अपने काम के असर का ध्यान न करके स्वार्थवश काम करना गलत है. भगवान् कृष्ण ने ऐसे लोगों को चोर, बेकार और पापी कहा है (गीता **3.12-13**). हमें कभी भी केवल अपने लिए जीना और काम करना नहीं चाहिये. हमें एक-दूसरे की सहायता और सेवा करनी चाहिये.

जय : जो व्यक्ति भगवान् ब्रह्मा की शिक्षा पर चलता है और समाज की भलाई के लिए काम करता है, उसे क्या लाभ होता है?

दादी मां : ऐसे व्यक्ति को इस जीवन में शान्ति और सफलता मिलती है, ईश्वर की प्राप्ति होती है और पृथ्वी पर फिर उसका जन्म नहीं होता.

अध्याय 3 में जिस निःस्वार्थ सेवा के बारे में विचार किया गया है, वह जीवन में कैसा अद्भुत काम करती है, इसको बताने में हमारे समय की एक सच्ची कहानी है.

3. सर अलैक्ज़ैण्डर फ्लैमिंग

एक दिन स्काटलैण्ड के एक ग़रीब किसान फ्लैमिंग ने, अपने परिवार को पालने के लिए अपना रोज़ का काम करते समय सहायता के लिए किसी की चीख़ सुनी. यह चीख़ पड़ोस के एक दलदल से आ रही थी. अपना काम छोड़कर वह किसान दलदल की ओर भागा. वहां कमर तक दलदल में डूबा एक आतंकित लड़का अपने को मुक्त करने के लिए चीख़ रहा था, हाथ पैर पीट रहा था. किसान फ्लैमिंग ने लड़के को उस भयानक मौत से बचाया.

अगले दिन, उस स्काटलैण्डवासी के साधारण घर के सामने एक भव्य घोड़ागाड़ी रुकी. सुरुचिपूर्ण वस्त्र पहने एक कुलीन व्यक्ति उसमें से नीचे उतरा. अपना परिचय उसने उस बच्चे के पिता के रूप में दिया जिसे किसान फ्लैमिंग ने बचाया था.

उस कुलीन व्यक्ति ने कहा, "मैं आपको धन्यवाद देना चाहता हूं और पुरस्कार के रूप में कुछ देना भी. आपने मेरे बेटे की जान बचाई है."

"मैंने जो किया है, उसके लिए मुझे कोई मूल्य नहीं चाहिये, मैं कुछ नहीं ले सकता." स्काटलैण्ड के किसान ने उसका दान अस्वीकार करते हुए कहा.

उसी समय किसान का अपना बेटा उस झौंपड़े से बाहर निकलकर दरवाजे पर आया.

"यह आपका बेटा है?" कुलीन व्यक्ति ने पूछा.

"हां," किसान ने गर्व से उत्तर दिया.

"तो मैं आपके साथ एक सौदा करूंगा. मुझे इस लड़के को उसी स्तर की शिक्षा दिलाने की अनुमति दें, जो मेरे अपने बेटे को मिलेगी. यदि इस लड़के में अपने पिता जैसा कोई भी गुण हुआ, तो वह निस्सन्देह बड़ा होकर ऐसा आदमी बनेगा, जिस पर हम दोनों गर्व कर सकें."

और उसने वैसा ही किया. किसान फ्लैमिंग के बेटे ने सर्वोत्तम स्कूलों में शिक्षा पाई और समय आने पर लन्दन के सैन्ट मैरी हॉस्पिटल मैडिकल स्कूल से उपाधि पाई और विश्वभर में पैन्सलिन के आविष्कर्ता सर अलैक्ज़ैण्डर फ्लैमिंग के नाम से प्रसिद्ध हुए.

बरसों बाद उस कुलीन पिता का वही बेटा, जिसे दलदल से बचाया गया था, नमोनिया का शिकार हुआ और इस समय उसकी जान किसने बचाई? पैन्सलिन ने.

उस कुलीन व्यक्ति का नाम था--लांर्ड रेण्डोल्फ चर्चिल.

उसके बेटे का नाम? सुप्रसिद्ध सर विन्स्टन चर्चिल.

किसी ने कहा, *जो जाता है वही घूमकर आता है.* कर्म का यही नियम है. कारण और कार्य का सिद्धान्त. किसी दूसरे के सपने को पूरा करने में सहायता करो, परमात्मा की कृपा से तुम्हारा सपना भी पूरा होगा.

जय : दादी मां, कृपया मुझे सच्चे कर्मयोगियों के कुछ और उदाहरण दें.

दादी मां : तुमने रामायण की कहानी तो पढ़ी है. भगवान् राम के ससुर जनकपुर के राजा जनक थे. उन्होंने भगवान् को पाया--अपनी प्रजा की सेवा अपने बच्चों की तरह करके, निःस्वार्थ भाव से और अपने कर्म के फल के प्रति कोई मोह न रखकर. उन्होंने अपने कर्त्तव्य का पालन भगवान् की पूजा के रूप में किया. बिना स्वार्थ भरे उद्देश्य के कर्त्तव्य-भाव से किया गया कर्म भगवान् की पूजा होता है क्योंकि वह विश्व को चलाने में भगवान् की मदद करता है.

महात्मा गांधी एक सच्चे कर्मयोगी थे, जिन्होंने बिना किसी व्यक्तिगत लाभ के लिए, समाज की भलाई मात्र के लिए सारे जीवन निःस्वार्थ भाव से काम किया. उन्होंने विश्व के अन्य नेताओं के अनुकरण करने के लिए उदाहरण प्रस्तुत किया. इस प्रकार के निःस्वार्थ व्यक्तियों के अनेक अन्य उदाहरण हैं.

जय : क्या हमारे नेताओं को इसी तरह काम करना चाहिये?

दादी मां : हां, एक सच्चा कर्मयोगी अपने व्यक्तिगत उदाहरण से हमें दिखाता है कि किस प्रकार कर्मयोग के मार्ग पर चलकर निःस्वार्थ जीवन जिया जाये और भगवान् की प्राप्ति की जाये.

जय : यदि मैं कर्मयोगी बनना चाहूं, तो मुझे क्या करना होगा?

दादी मां : कर्मयोग के लिए निःस्वार्थ भाव से, अपने कर्म के फलों के प्रति मोह के बिना शक्तिभर अपने कर्त्तव्य का

पालन ज़रूरी है. कर्मयोगी सफलता और विफलता दोनों में शान्त रहता है, उसकी किसी व्यक्ति, स्थान, पदार्थ अथवा काम के प्रति रुचि या अरुचि नहीं होती. मानवता की भलाई के लिए नि:स्वार्थ सेवा के रूप में किया गया कर्म किसी प्रकार का अच्छा या बुरा कर्म-बन्धन पैदा नहीं करता और भगवान् की ओर ले जाता है. (गीता 3.19)

जय : किसी व्यक्तिगत लाभ की इच्छा के बिना काम करना तो बहुत कठिन होगा. दादी मां, हम ऐसा किस प्रकार कर सकते हैं?

दादी मां : जो लोग आध्यात्मिक दृष्टि से अज्ञानी हैं, वे अपने लिए ही काम करते हैं. अज्ञानी लोग अपने परिश्रम के फल का सुख भोगने के लिए काम करते हैं और उसके प्रति उनका मोह हो जाता है क्योंकि वे समझते हैं कि वे ही कर्त्ता हैं. उन्हें इस बात का आभास नहीं होता कि सारा कर्म भगवान् के द्वारा हमें दी गई शक्ति के द्वारा किया जाता है. गीता 3.27) पर अपनी बुद्धि से सही या गलत कर्म के बीच में चुनाव करके हम अपने कर्मों के भागी हो जाते हैं. लोग गलत काम करते हैं, क्योंकि वे अपनी बुद्धि का उपयोग नहीं करते और यह नहीं सोचते कि उनके कर्मों का दूसरों पर क्या असर होगा.

ज्ञानी लोग अपनी कोई भी स्वार्थपूर्ण इच्छा न रखते हुए अपने सारे कर्म तथा कर्मफल भगवान् को अर्पण कर देते हैं. अज्ञानी जन केवल अपनी व्यक्तिगत इच्छाओं की पूर्ति के लिए ही कर्म करते. (गीता 3.25)

जय : क्या मेरे जैसा साधारण व्यक्ति वह कर सकता है जो राजा जनक और महात्मा गांधी जैसे महान् पुरुषों ने किया?

दादी मां : थोड़े से प्रयास से कोई भी व्यक्ति कर्मयोग के मार्ग का अनुसरण कर सकता है. जो भी काम तुम कर रहे हो, उसे समाज को अपनी भेंट समझो. यदि तुम एक विद्यार्थी हो, तो तुम्हारा कर्तव्य है स्कूल जाना, वहां से मिले काम को घर पर करना, अपने माता-पिता, अध्यापक और अन्य गुरुजनों का सम्मान करना और अपने भाई-बहिनों, मित्रों तथा सहपाठियों की सहायता करना. विद्यार्थी काल में अच्छी शिक्षा पाकर अच्छे और लाभदायक नागरिक बनने की तैयारी करो.

जय : शिक्षा समाप्त कर मुझे किस प्रकार का काम करना चाहिये, दादी मां.

दादी मां : वही काम करो, जो तुम्हें पसन्द है और जिसे तुम अच्छी तरह कर सकते हो. काम तुम्हारी प्रकृति के अनुकूल होना चाहिये (गीता 3.35, 18.47). यदि तुम ऐसा काम चुनते हो, जिसमें तुम्हारा मन नहीं लगता है या जिसके लिए तुम्हारे पास स्वाभाविक योग्यता नहीं है, तो तुम्हारी सफलता के अवसर सीमित होंगे. तुम्हें मालूम है कि कौन सा काम तुम सबसे अच्छी तरह कर सकते हो. वह होने का प्रयत्न करना जो तुम नहीं हो, असफलता और दु:ख का सबसे बड़ा कारण है.

जय : पर क्या मुझे अच्छा काम ढूंढ़ने का प्रयत्न नहीं करना चाहिये, जैसे इंजीनियरिंग, अध्यापन या सरकारी नौकरी?

दादी मां : ऐसा कोई काम नहीं जो अच्छा हो या बुरा. समाज को चलाने के लिए सब प्रकार के लोगों की ज़रूरत है. कुछ काम करने से अच्छी आमदनी होती है. पर ऊंची आय वाले काम प्राय: अधिक कठिन और तनाव भरे होते हैं, यदि उन्हें करने की योग्यता तुममें नहीं है. यदि तुम्हारी योग्यता कम आय वाले काम के लिए है, तो सादा जीवन बिताओ और अनावश्यक चीज़ों से बचो. सादे जीवन का अर्थ है अत्यधिक भौतिक पदार्थों की इच्छा न करना. जीवन की परम आवश्यकताओं तक अपने को सीमित करो. अपनी इच्छाओं पर काबू पाओ. भगवान् बुद्ध ने कहा है: स्वार्थभरी इच्छा सभी पापों और दु:ख का कारण है.

जय : क्या स्वार्थपूर्ण इच्छाओं के कारण ही लोग बुरे काम करते हैं?

दादी मां : हां, जय. अपने सुख के लिए स्वार्थपूर्ण इच्छा ही सब पापों का कारण है. यदि हम अपनी इच्छाओं पर नियन्त्रण नहीं रखते, तो हमारी इच्छाएं हम पर छा जायेंगी. हम अपनी ही इच्छाओं के शिकार हो जायेंगे. अपनी ज़रूरतों पर अंकुश रखो, क्योंकि जिसकी तुम्हें इच्छा है, वह इच्छा भी तुमको अपने वश में करना चाहती है.

जय : तो क्या सभी इच्छाएं बुरी हैं?

दादी मां : नहीं, सब इच्छाएं बुरी नहीं हैं. दूसरों की सेवा करने की इच्छा अच्छी है. भोगों के आनन्द की इच्छा बुरी है क्योंकि वह पापपूर्ण और गैर कानूनी क्रियाओं की ओर ले जाती है और लोभ पैदा करती है. और यदि जो तुम चाहते हो, वह नहीं मिलता, तो तुम्हें क्रोध आता है. और जब लोगों को क्रोध आता है, तो वे दुष्कर्म करते हैं.

जय : भोगों के प्रति अपनी इच्छा पर हम कैसे काबू पा सकते हैं?

दादी मां : एक रास्ता तो गीता में दिये ज्ञान का और चिन्तन-शक्ति का है. इससे पहले कि तुम अपनी इच्छा से उत्पन्न काम करो, उस काम के परिणामों को सोचो. इच्छाएं मन में पैदा होती हैं और वहीं रहती हैं. बुद्धि और तर्कशक्ति के द्वारा तुम मन को वश में कर सकते हो.

जब तुम युवा होते हो, तुम्हारा मन गंदा हो जाता है, वैसे ही जैसे बरसात में तालाब का पानी कीचड़-भरा हो जाता है. यदि तुम्हारी बुद्धि तुम्हारे मन को काबू में नहीं रखती, तो तुम्हारा मन इन्द्रिय-सुख-भोगों की ओर भागता है. इसलिये धूम्रपान, शराब, नशीले पदार्थ और अन्य बुरी आदतों जैसे इन्द्रिय-सुख-भोगों से अपने मन को गंदा न होने के लिए अपने जीवन में ऊंचे आदर्श पैदा करो. बुरी आदतों से छुटकारा पाना कठिन है, इसलिये उनसे शुरू से ही उन आदतों से बचो. अच्छी संगति में रहो, अच्छी किताबें पढ़ो, बुरे लोगों से बचो और अपने कामों के परिणाम के बारे में सोचो.

जय : चूंकि हमें अच्छे-बुरे का ज्ञान है, दादी मां, तो हम गलत कामों को करने से बच क्यों नहीं सकते?

दादी मां : यदि हम अपने मन को काबू में नहीं रखते, तो हमारा मन हमारी इच्छा-शक्ति को कमज़ोर करने की कोशिश करेगा और हमें इन्द्रिय-सुख-भोगों की ओर ले जायेगा. हमें अपने मन पर निगरानी रखनी पड़ेगी और उसे सही मार्ग पर रखना पड़ेगा.

अध्याय 3 का सार-- भगवान् कृष्ण जीवन में शान्ति और सुख पाने के लिए गीता में दो प्रमुख मार्गों का वर्णन करते हैं. मार्ग का चुनाव व्यक्ति पर निर्भर करता है. अधिकांश लोगों के लिए कर्मयोग (नि:स्वार्थ सेवा) का मार्ग पर चलना सहज है. ब्रह्मा की पहली शिक्षा है: एक-दूसरे की सहायता करो. इसी से संसार चल रहा है (गीता 3.11). अपनी योग्यता के अनुसार हमें अपने कर्तव्य का पूरा पालन करना चाहिये. अपनी प्रकृति के अनुसार हमें अपना काम चुनना चाहिये कोई काम छोटा नहीं है. महत्त्वपूर्ण बात यह नहीं है कि तुम क्या करते हो, बल्कि यह है कि कैसे करते हो. अन्त में भगवान् कृष्ण हमें बताते हैं कि हमें भोगों की ओर ले जाने वाली अपनी इच्छा पर काबू पाना चाहिये. सुख-भोग की ओर ले जाने वाली अनियंत्रित इच्छाएं हमें जीवन में असफलताओं और दु:खों की ओर ले जाती हैं. काम करने से पहले हमें उसके परिणामों के बारे में सोचना चाहिये. हर प्रकार से हमें कुसंगति से बचना चाहिये.

अध्याय चार
ज्ञान-संन्यास-मार्ग

जय : गीता में युद्धक्षेत्र में बोले हुए कथन का विवरण है. पर दादी मां, गीता को लिखा किसने था?

दादी मां : गीता की शिक्षाएं बहुत पुरानी हैं. सबसे पहले वे सृष्टि के आरम्भ में भगवान् श्रीकृष्ण ने सूर्य-देवता को दी थीं. बाद में वे खो गईं. वर्तमान में जो गीता का स्वरूप है, वह लगभग 5,100 वर्ष पहले भगवान् कृष्ण द्वारा अर्जुन को दी गई शिक्षा है.

जय: तो क्या भगवान् कृष्ण ही गीता के लेखक हैं?

दादी मां : हां, भगवान् कृष्ण गीता को बोलने वाले हैं. लेकिन ऋषि व्यास ने इसे इकट्ठा किया है. उन्होंने ही वेदों को भी इकट्ठा किया. ऋषि व्यास में भूतकाल और भविष्य की घटनाओं को याद करने की शक्ति थी. किन्तु वे एक साथ ही भगवान् कृष्ण द्वारा युद्धक्षेत्र में कही गई गीता को फिर से याद करके नहीं लिख नहीं सकते थे. उन्हें गीता को लिखने के लिए एक सहायक की ज़रूरत थी. ज्ञान/विवेक के देवता श्री गणेश जी ने गीता को लिखा.

आदि गुरु शंकराचार्य ने 800 ईसा संवत् में गीता को संस्कृत में पूरी तरह से समझाया.

जय: श्रीकृष्ण इतने महत्त्वपूर्ण क्यों हैं?

दादी मां: भगवान् कृष्ण परमात्मा के आठवें अवतार माने जाते हैं. परमात्मा इस धरती पर समय-समय पर विभिन्न रूपों में अवतरित होते हैं, जब अधर्म और पाप की शक्तियां विश्व-शान्ति को भंग करके विनाश का प्रयल करती हैं. भगवान् तब सब चीज़ों को ठीक करने के लिए अवतार लेते हैं. वे मानवजाति की मदद के लिए मसीहों और शिक्षकों को भी भेजते हैं. भगवान का जन्म और कर्म दैवी होते हैं और हर अवतार का एक उद्देश्य होता है. श्रीमद् भागवतम् (अथवा भागवत पुराण) में भगवान् के सभी दस अवतारों का विवरण है. भगवान् बुद्ध, मूसा, ईसा, मुहम्मद और अन्य ऋषि-सन्त भी भगवान् के छोटे-मोटे अवतार माने जाते हैं. कलियुग के नाम से जाने जाने वाले वर्तमान समय के अन्त में कल्कि का अवतार होगा.

जय: क्या भगवान् कृष्ण हमें वह सब देंगे, जो हम प्रार्थना या पूजा में चाहेंगे?

दादी मां : हां, भगवान् कृष्ण वह देंगे, जो तुम चाहोगे (गीता 4.11), जैसे तुम्हारे अध्ययन में सफलता, यदि तुम निष्ठा और विश्वास के साथ उनकी पूजा करोगे. लोग भगवान् की पूजा और प्रार्थना भगवान् के किसी भी रूप और नाम का प्रयोग करते हुए कर सकते हैं. भगवान् के रूप को देवमूर्ति कहा गया है. लोग बिना देवमूर्ति की सहायता के भी भगवान् की पूजा कर सकते हैं.

जय : पर क्या हमें तब भी पढ़ाई करनी पड़ेगी, यदि हम परीक्षाओं में अच्छी सफलता चाहते हैं?

दादी मां : हां, तुम्हें परिश्रम तो करना ही चाहिये. शक्तिभर काम करो और फिर प्रार्थना. भगवान् तुम्हारे लिए परिश्रम नहीं करेंगे. तुम्हें अपना काम स्वयं ही करना पड़ेगा. तुम्हारा काम स्वार्थपूर्ण इच्छाओं से मुक्त होना चाहिये और तुम्हें किसी को हानि नहीं पहुंचानी चाहिये. तब तुम्हें कर्म का कोई बन्धन नहीं होगा.

जय : कर्म क्या है, दादी मां?

दादी मां : कर्म संस्कृत का शब्द है. इसका अर्थ है काम या क्रिया. इसका अर्थ काम का फल या परिणाम भी है. हर काम का एक फल होता है, उसे भी कर्म कहते हैं. वह अच्छा भी हो सकता है और बुरा भी. यदि हम फलों को केवल स्वयं भोगने के लिए ही अपना काम करते हैं, तो हम उन फलों के लिए जिम्मेवार हैं. यदि हमारे काम से किसी को हानि पहुंचती है, तो हम बुरे कर्म कमाते हैं. उसे पाप कहा जाता है. उसके लिए हमें नरक का दुःख भोगना पड़ेगा. यदि हम दूसरों का भला करते हैं, तो हम अच्छे कर्म कमाते हैं और उसका पुरस्कार हमें स्वर्ग की यात्रा के रूप में मिलता है.

हमारे अपने ही कामों के परिणामों के कारण सुख या दुःख भोगने के लिए हमारा पुनर्जन्म होता है. कर्म अच्छे या बुरे कामों के रूप में बैंक में धन जमा करने की तरह है. जब हमारे कर्म पूरे समाप्त हो जाते हैं, तो हम पुनर्जन्म नहीं लेते. जन्म-मरण के चक्र से छुटकारा पाने को ही मोक्ष कहा गया है. उसी को निर्वाण या मुक्ति भी कहते हैं. मुक्ति में हम भगवान् के साथ एक हो जाते हैं.

जय : समाज में रहकर काम करते हुए हम कर्म से कैसे बच सकते हैं?

दादी मां : कर्म न कमाने का सबसे अच्छा रास्ता है-- केवल अपने लिए ही कुछ न करना, जो करना, समाज की भलाई के लिए करना. सदा इस बात का सदा ध्यान रखो कि प्रकृति मां ही सब कुछ करती है, हम किसी भी काम के

वास्तविक कर्त्ता नहीं हैं. यदि हमें इस बात में दृढ़ विश्वास है और हम भगवान् के सेवक के रूप में काम करते हैं, तो हम कोई नये कर्म नहीं कमायेंगे और आत्म-ज्ञान से हमारे सब पुराने कर्म मिट जायेंगे. कर्म के समाप्त हो जाने पर हम मुक्त हो जाते हैं. भगवान् के साथ मिल जाने का यह ढंग निष्काम कर्म या कर्मयोग का मार्ग कहलाता है.

जय : अपने पिछले जन्मों के कर्म से हमें कैसे छुटकारा मिलता है?

दादी मां : बहुत अच्छा प्रश्न पूछा तुमने. आत्मा (अथवा परमात्मा) का सच्चा ज्ञान आग की तरह काम करता है. हमारे पिछले जन्मों के सभी कर्म को जला देता है (गीता 4.37). निष्काम (निःस्वार्थ सेवा) या कर्मयोग आत्मज्ञान पाने के लिए व्यक्ति को तैयार करता है. समय आने पर कर्मयोगी स्वयं ही आत्मज्ञान पा लेता है (गीता 4.38). जिसे आत्मा (या परमात्मा) का ज्ञान सही रूप में मिल जाता है, वह आत्मज्ञानी कहलाता है.

जय : दादी मां, क्या मोक्ष पाने के लिए और भी मार्ग हैं?

दादी मां : हां, जय, प्रभु तक पहुंचने के अनेक मार्ग हैं. उन मार्गों को साधना कहा जाता है. समाज के लिए लाभकारी कोई भी कर्म यज्ञ कहा जाता है. अलग-अलग तरह की साधना ये हैं--

(1) अच्छे काम के लिए दिया गया दान, (2) ध्यान, पूजा पाठ (3) योगाभ्यास, (4) धार्मिक ग्रन्थों का अध्ययन (स्वाध्याय), और (5) मन तथा अन्य पांच इन्द्रियों पर नियंत्रण. (गीता 4.28)

जो भी व्यक्ति इन में से कोई भी साधना निष्ठा से (श्रद्धापूर्वक) करते हैं, प्रभु उनसे प्रसन्न होते हैं और उसे परमात्मा तक पहुंचने के लिए आत्मज्ञान का दान देते हैं. ऐसा व्यक्ति सुखी और शान्त होता है. (गीता 4.39)

जय : उनके बारे में आपका क्या विचार है जो रोज़ किसी दैवी मूर्ति की उपासना (पूजा) करते हैं? क्या उन्हें भी परमात्मा की प्राप्ति होती है?

दादी मां : हां, जो पूरे विश्वास से दैवी मूर्ति की उपासना करते हैं, उन्हें भी मन-वांछित फल प्राप्त होता है (गीता 4.11-12). अधिकांश हिन्दू अपनी इच्छाओं की पूर्ति के लिए परमात्मा की पूजा अपनी चुनी हुई एक दैवी मूर्ति के रूप में करते हैं. यह मार्ग पूजा या प्रार्थना का मार्ग कहलाता है.

महाभारत में एक निष्ठ कर्मयोगी और आदर्श विद्यार्थी की कथा है, जिसने अपने गुरु की पूजा करके मनचाहा फल प्राप्त किया.

4. एकलव्य एक आदर्श छात्र

गुरु द्रोणाचार्य (या द्रोण) पितामह भीष्म द्वारा नियुक्त सभी कौरवों और पाण्डव भाइयों को शस्त्रविद्या सिखाने वाले गुरु थे. उनके नीचे अन्य राजकुमारों ने भी शस्त्रविद्या की शिक्षा पाई थी. द्रोण अर्जुन की व्यक्तिगत सेवा और भक्ति से लिए बहुत प्रसन्न थे. उन्होंने अर्जुन से वायदा किया था, "मैं तुम्हें विश्व का सर्वश्रेष्ठ धनुर्धर बना दूंगा."

एक दिन एक बहुत ही सुशील लड़का, जिसका नाम एकलव्य था, निकट के एक गांव से द्रोण के पास आया. वह उनसे धनुर्विद्या की शिक्षा पाना चाहता था. उसने अपनी मां से महान् धनुर्शास्त्री द्रोणाचार्य के बारे में सुना था, जो ऋषि भारद्वाज के पुत्र और परशुराम ऋषि के शिष्य थे.

एकलव्य निषाद समाज का एक वनवासी लड़का था. उस युग में (और आज भी) ऐसे समुदाय सामाजिक दृष्टि से निम्न समझे जाते थे. द्रोण इस बात के प्रति चिन्तित थे कि वे राजकुमारों के साथ एक वनवासी लड़के को कैसे शिक्षा दें. इसलिए उन्होंने निश्चय किया कि वे उसे वहां नहीं रखेंगे. उन्होंने उससे कहा, "बेटे, मेरे लिए तुम्हें शिक्षा देना बहुत कठिन होगा. पर तुम एक जन्मजात धनुर्धर हो. वन में जाओ और मन लगाकर अभ्यास करो. तुम भी मेरे शिष्य हो. भगवान् करे, तुम अपनी इच्छा के अनुकूल सफल धनुर्धर बनो."

द्रोण के शब्द एकलव्य के लिए महान् आशीर्वाद थे. उसने उनकी विवशता समझी और उसे पूरा विश्वास था कि गुरु की सद्भावनाएं उसके साथ थीं. उसने द्रोणाचार्य की एक मिट्टी की प्रतिमा बनाई, उसे एक अच्छे स्थान पर प्रतिष्ठित किया और आदर के साथ फल-फूल आदि की भेंट के साथ उनकी पूजा करना शुरू कर दिया. उसने अपने गुरु की प्रतिमा की प्रतिदिन उपासना की और गुरु की अनुपस्थिति में धनुर्विद्या का अभ्यास किया. वह धनुर्विद्या में निपुण हो गया.

एकलव्य रोज़ सुबह उठता, नहाता और गुरु की प्रतिमा की पूजा करता. उसे गुरु के शब्द, कर्म और शिक्षा के तरीकों में बेहद निष्ठा थी, जो उसने द्रोण के आश्रम में देखे-सुने थे. उसने निष्ठापूर्वक गुरु के निर्देशों का पालन किया और धनुर्विद्या का अभ्यास करता रहा.

जहां एक ओर अर्जुन ने प्रत्यक्ष गुरु द्रोण से शिक्षा पाकर धनुर्विद्या में निपुणता प्राप्त की, वहीं एकलव्य ने उसी के समान प्रभावशाली योग्यता दूर रहकर गुरु की पूजा करके पाई. यदि वह किसी विशेष तकनीक में सफल न होता, तो वह गुरु द्रोण की प्रतिमा के पास दौड़ता, उसके सामने अपनी समस्या रखता, ध्यानमग्न होकर अपने मस्तिष्क में हल पाने तक प्रतीक्षा करता और आगे अभ्यास करता.

एकलव्य की कथा सिद्ध करती है कि यदि किसी में पूरा विश्वास है और वह निष्ठापूर्वक अपने ध्येय की प्राप्ति के लिए काम करता है, तो वह कुछ भी पा सकता है (गीता 17.03).

कौरव और पाण्डव राजकुमार एक बार वन में शिकार खेलने के लिए गये. उनका निर्देशक कुत्ता उनके आगे-आगे भाग रहा था. श्यामवर्ण का युवक शेर की खाल पहने, सीपियों की माला पहने एकलव्य अपने अभ्यास में लगा था. उसके पास आने पर कुत्ता भौंकने लगा. शायद अपनी निपुणता दर्शाने के लिए एकलव्य ने सात बाण एक-एक कर भौंकते हुए कुत्ते की ओर चलाये. उसके बाणों से कुत्ते का मुंह भर गया. कुत्ता वापिस राजकुमारों के पास भागा आया, जिन्हें धनुर्विद्या की ऐसी निपुणता देखकर बहुत आश्चर्य हुआ. वे सोचने लगे, ऐसा धनुर्धर कौन हो सकता है?

अर्जुन यह देखकर न केवल आश्चर्यचकित हो गया, वरन् वह चिन्ता से भी भर गया. उसकी कामना थी कि वह विश्वभर में सर्वश्रेष्ठ धनुर्धर के रूप में जाना जाये.

राजकुमार धनुर्धर की खोज में गये, जिसने इतने कम समय में उनके कुत्ते पर इतने बाण चलाये. उन्हें एकलव्य मिल गया.

अर्जुन ने कहा, "धनुर्विद्या में तुम्हें महान् योग्यता मिली है, तुम्हारा गुरु कौन है?"

मेरे गुरु द्रोणाचार्य हैं," एकलव्य ने विनम्रता से उत्तर दिया.

द्रोण का नाम सुनकर अर्जुन को बड़ा धक्का लगा. क्या यह सच था? क्या उसके प्रिय गुरु इस लड़के को इतना सिखा सकते थे? यदि ऐसा था, तो उसको दिये हुए गुरु के वायदे का क्या हुआ? द्रोण ने लड़के को कब शिक्षा दी? अर्जुन ने तो एकलव्य को कभी पहले अपनी कक्षा में देखा न था.

जब द्रोण ने यह कहानी सुनी, तो उन्हें एकलव्य याद आया. वे उससे मिलने गये.

द्रोण ने कहा, "बेटे, तुम्हारा शिक्षण बहुत अच्छा हुआ है. मुझे बहुत सन्तोष है. श्रद्धा और अभ्यास से तुमने बहुत प्रगति की है. प्रभु करे, तुम्हारी उपलब्धि दूसरों के लिए अच्छा उदाहरण सिद्ध हो.

एकलव्य ने बहुत प्रसन्न होकर कहा, "बहुत-बहुत धन्यवाद, गुरुदेव. आप मेरे गुरु हैं और मैं आपका ही शिष्य हूं, नहीं तो मैं नहीं जानता मैं इतनी प्रगति कैसे कर पाता."

द्रोण ने कहा, "यदि तुम मुझे अपना गुरु स्वीकार करते हो, तो तुम्हें प्रशिक्षण के बाद मुझे गुरु-दक्षिणा देनी पड़ेगी. फिर से सोच लो."

एकलव्य ने मुस्कराकर कहा, "श्रीमन्, इसमें सोचने की क्या बात है? मैं आपका शिष्य हूं और आप मेरे गुरु हैं. श्रीमन् आपकी जो इच्छा है, कहिये. मैं उसकी पूर्ति करूंगा, चाहे उस प्रयत्न में मुझे अपना जीवन भी समर्पित करना पड़े."

"एकलव्य, मुझे भीष्म और अर्जुन को दिये अपने वचन को पूरा करने के लिए तुमसे महानतम त्याग की मांग करनी पड़ेगी. मैंने उन्हें वचन दिया है कि अर्जुन के समान विश्व में कभी कोई धनुर्धर नहीं होगा. उसके लिए बेटे, मुझे क्षमा करना, क्या तुम मुझे अपने दायें हाथ का अंगूठा दक्षिणा में दे सकते हो?"

एकलव्य ने द्रोणाचार्य की ओर देखा-- पल भर के लिए. वह गुरु की समस्या समझ सकता था. तब वह खड़ा हुआ. दृढ़ निश्चय के साथ वह द्रोण की प्रतिमा की ओर गया. उसने एक शिला पर अपना दाहिना अंगूठा रखा और क्षण भर में बायें हाथ से बाण चलाकर उसे काट डाला.

एकलव्य को पहुंचाई वेदना के प्रति अत्यन्त दुःखी होते हुए भी द्रोण इतनी महान श्रद्धा से बहुत भावुक हो उठे. उन्होंने एकलव्य को गले लगाया और कहा, "बेटे, तुम्हारे जैसी गुरु-श्रद्धा का कोई उदाहरण नहीं. तुम्हारे जैसा शिष्य पाकर मैं अपने को सफल और धन्य अनुभव करता हूं. प्रभु का वरदहस्त तुम पर रहे."

हार में भी एकलव्य ने विजय पाई. दाएं अंगूठे के कट जाने से वह अब धनुप का प्रयोग प्रभावी ढंग से नहीं कर सकता था, किन्तु वह बाएं हाथ से अभ्यास करता रहा. अपने महान् त्याग के कारण वह प्रभु की कृपा का पात्र बना और वाम-हस्त-धनुर्धर के रूप में विशेष योग्यता पाई. उसने सिद्ध कर दिया कि निष्ठ प्रयास से कुछ भी ऐसा नहीं, जो पाया न जा सके. एकलव्य ने अपने कर्म और व्यवहार से यह दिखा

दिया कि समाज में तुम्हारा स्थान ऊंचा या नीचा तुम्हारी जाति से नहीं बनता, बल्कि बनता है तुम्हारे स्वप्न और गुणों से.

द्रोण महान् गुरु थे, जय. पर बहुत से नकली गुरु हैं, जो तुम्हें धोखा देने का प्रयत्न करते हैं.

जय : प्रभु की प्राप्ति के लिए गुरु ज़रूरी है क्या, दादी मां?

दादी मां : किसी भी विषय की शिक्षा पाने के लिए, चाहे वह आध्यात्मिक हो या भौतिक, निश्चय ही हमें गुरु की ज़रूरत होती है. किन्तु असली गुरु का मिलना इतना आसान नहीं है. गुरु चार प्रकार के होते हैं : अपने विषय का ज्ञान रखने वाला गुरु, नकली गुरु, सद्गुरु और परम गुरु. दुनिया में बहुत से नकली गुरु हैं, जो गुरु होने का ढ़ोंग रचते हैं. सद्गुरु प्रभु-ज्ञानी गुरु है और उसकी खोज बहुत कठिन है. भगवान् कृष्ण को जगद्गुरु या परमगुरु कहा जाता है.

कॉलिज की पढ़ाई समाप्त करने पर जब तुम गृहस्थ जीवन में प्रवेश करोगे, तो तुम्हें आध्यात्मिक गुरु की ज़रूरत होगी. तब तक अपने शास्त्र-ग्रन्थों का अनुसरण करो, अपनी संस्कृति के अनुसार चलो और जीवन में कभी भी हार न मानो.

अध्याय चार का सार-- समय-समय पर पृथिवी पर चीज़ों को ठीक करने के लिए प्रभु जीव रूप में पृथिवी पर आते हैं. वे उनकी इच्छाएं पूरी करते हैं, जो उनकी उपासना करते हैं. निष्काम (निःस्वार्थ) सेवा और आत्म-ज्ञान दोनों ही जीवात्मा को कर्म-बन्धन से मुक्त करते हैं. प्रभु निःस्वार्थ सेवा करने वाले लोगों को आत्म-ज्ञान देते हैं. आत्मज्ञान से हमारे सब पिछले कर्म भस्म होते हैं. आत्मज्ञान हमें जन्म-मरण के चक्र से मुक्ति दिलाता है.

अध्याय पांच
कर्म-संन्यास मार्ग

जय : आपने पहले दो मार्गों की चर्चा की. दादी मां, अधिकांश लोगों के लिए कौनसा मार्ग अच्छा है? आत्म-ज्ञान का या निःस्वार्थ सेवा का?

दादी मां : वह व्यक्ति, जिसे परमात्मा का सही ज्ञान होता है, जानता है कि सारे कार्य प्रकृति मां की शक्ति से किये जाते हैं और वह किसी कार्य का वास्तविक कर्त्ता नहीं है. ऐसे व्यक्ति को संन्यासी कहा जाता है. वह आत्म-ज्ञानी है.

कर्मयोगी व्यक्ति स्वार्थ भरे उद्देश्यों से ऊपर उठकर कर्म करता है. कर्मयोगी आत्म-ज्ञान पाने की तैयारी करता है

(गीता 4.38, 5.06). आत्म-ज्ञान संन्यास की ओर ले जाता है. इस प्रकार निष्काम सेवा या कर्मयोग संन्यास का आधार बनता है. दोनों ही मार्ग अन्त में प्रभु की ओर ले जाते हैं. भगवान् कृष्ण इन दोनों मार्गों में से कर्मयोग को बेहतर समझते हैं क्योंकि अधिकांश लोगों के लिए यह मार्ग सरल है और इस पर आसानी से चला जा सकता है. (गीता 5.02)

जय : क्या संन्यास शब्द का अर्थ प्राय: सांसारिक वस्तुओं का त्याग करना और आश्रम में रहना या एकान्त वास करना नहीं है?

दादी मां : साधारणत: संन्यास का अर्थ सब व्यक्तिगत ध्येयों का, सांसारिक वस्तुओं का त्याग करना है. किन्तु इसका अर्थ समाज में रहकर व्यक्तिगत स्वार्थों के बिना अपने कर्तव्य का पालन करते हुए समाज की सेवा करना भी है. ऐसे व्यक्ति को कर्म-संन्यासी कहा जाता है.

आदि शंकराचार्य जैसे कुछ आध्यात्मिक गुरु सारी सांसारिक वस्तुओं के त्याग के मार्ग को उच्चतम मार्ग और जीवन का ध्येय मानते हैं. वे अपने लड़कपन में ही संन्यासी हो गये थे.

भगवान् कृष्ण कहते हैं, "एक ज्ञानी, सब स्वार्थों का त्यागी, संन्यासी सब प्राणियों में भगवान् को देखता है. ऐसा व्यक्ति शिक्षित या अशिक्षित व्यक्ति को, धनी या निर्धन व्यक्ति को, यहां तक कि गाय, हाथी या कुत्ते को भी समान दृष्टि से देखता है. (गीता 5.18)

मैं तुम्हें एक महान् आध्यात्मिक गुरु, महानायक, संन्यासी और विचारक की कथा सुनाती हूं. उनका नाम है आदि शंकराचार्य. गीता के पाठकों के लिए वे महान् आदर और सम्मान के पात्र हैं.

5. आदि शंकराचार्य

आदि शंकराचार्य या शंकर वेदान्त के अद्वैतवाद दर्शन के रचयिता और प्रसारक हैं. इस दर्शन के अनुसार सारा विश्व ही ब्रह्म (परमात्मा) है, और कुछ नहीं. शंकर का जन्म 788 ईसवी में केरल राज्य में हुआ था. उन्होंने आठ वर्ष की उम्र में चारों वेदों का अध्ययन कर लिया था और बारह वर्ष की उम्र तक वे सब हिन्दू शास्त्रों में पारंगत हो गये थे.

उन्होंने कई ग्रन्थों की रचना की--जिनमें भगवद्गीता, उपनिषदों और ब्रह्म सूत्र आदि अनेक ग्रन्थों के भाष्य शामिल हैं. शंकर द्वारा हमारे लिए अलग करने से पहले भगवद्गीता महाभारत में एक अध्याय के रूप में लुप्त थी. शंकर ने गीता को महाभारत से निकालकर उसे शीर्षक देकर अध्यायों में व्यवस्थित किया और संस्कृत में पहला गीता-भाष्य लिखा. गीता का प्रथम अंगेजी अनुवाद एक ब्रिटिश शासक ने 19वीं शताब्दी में किया था.

शंकर ने भारत के विभिन्न कोनों में चार मठों की स्थापना की. वे श्रृंगेरी, बद्रीनाथ, द्वारका और पुरी में हैं. उन्होंने हिन्दू आदर्शों के विरोध में होते बौद्ध धर्म के प्रसार को रोका और हिन्दू धर्म को उसकी अतीत की महिमा से मंडित किया. उनके अद्वैत दर्शन के अनुसार जीव--व्यक्तिगत आत्मा--ही ब्रह्म है. संसार ब्रह्म की माया का खेल है.

निश्चय ही वे आत्मज्ञानी थे. किन्तु आरम्भ में उन्हें द्वैत की अनुभूति थी-- ऊंची और नीची जाति के रूप में. उनके हृदय में ब्रह्म में पूरी तरह दृढ़ विश्वास जड़ नहीं जमा पाया था.

एक दिन वे पावन नदी गंगा में स्नान कर वनारस की पावन नगरी में शिव मन्दिर जा रहे थे। उन्हें मांस का बोझ लिये एक कसाई, अछूत मिला. कसाई उनकी ओर आया और उनके सम्मान में उसने शंकर के चरण छूने का प्रयत्न किया.

शंकर क्रोध में भर कर चिल्लाये, "मेरे मार्ग से हट जाओ. तुम्हारी हिम्मत कैसे हुई मुझे छूने की? अब मुझे फिर से स्नान करना होगा."

कसाई ने कहा, "प्रभुवर, न मैंने आपको छुआ है, न आपने मुझे. शुद्ध आत्मा, शरीर (या पंचतत्त्व जिनसे शरीर बना है) नहीं हो सकती." (अध्याय 13 में अधिक विवरण है)

तब शंकर को कसाई में भगवान् शिव के दर्शन हुए. भगवान् शिव स्वयं शंकर के हृदय में अद्वैत दर्शन का बीज गहराई से रोपने आये थे. भगवान् शिव की कृपा से उस दिन से शंकराचार्य श्रेष्ठतर ज्ञानी बन गये.

यह कथा हमें बताती है कि हर समय सब जीवों के साथ समानता का व्यवहार करना बहुत ही कठिन है. ऐसी भावना का होना सच्चे ब्रह्म-ज्ञानी या पूर्ण संन्यासी होने का लक्षण है.

अध्याय पांच का सार-- भगवान् कृष्ण अधिकांश लोगों के लिए फलों के प्रति मोह न रखते हुए मानवता की नि:स्वार्थ, निष्काम सेवा के मार्ग को सर्वश्रेष्ठ मानते हैं. आत्मज्ञान और सेवा, दोनों ही मार्ग इस लोक में सुख की ओर ले जाते हैं और मरने पर निर्वाण की ओर. संन्यास का अर्थ सांसारिक पदार्थों का त्याग नहीं है. संन्यास का अर्थ है सांसारिक पदार्थों के प्रति लगाव, मोह न होना. आत्मज्ञानी हर जीव में प्रभु के दर्शन करता है और सबके प्रति समान व्यवहार करता है.

अध्याय छः
ध्यान मार्ग

जय : दादी मां, आपने कहा था कि भगवान् की प्राप्ति के लिए कई मार्ग हैं. आपने मुझे सेवा-कर्तव्य-मार्ग और आध्यात्मिक ज्ञान-मार्ग के विषय में बताया. कृपया मुझे अन्य मार्गों के बारे में बतायें.

दादी मां : तीसरा मार्ग ध्यान-योग का है. जो भगवान् के साथ मिलकर एकात्म होकर एक हो जाता है, उसे योगी कहते हैं. योगी का मन शान्त होता है और पूरी तरह प्रभु के साथ जुड़ा हुआ. योगी का अपने मन, इन्द्रियों और इच्छाओं पर पूरा नियंत्रण होता है. क्रोध और लोभ से वह पूरी तरह मुक्त होता है. योगी के लिए माटी का ढेला, पत्थर, हीरा, सोना सब एक समान होता है (गीता 6.08). वह हर चीज़ में भगवान् और भगवान् में हर चीज़ को देखता है (गीता 14.24). योगी हर व्यक्ति को समान दृष्टि से देखता है, चाहे वह मित्र हो या शत्रु, घृणा करने वाला हो या सम्बन्धी, सन्त हो या पापी (गीता 6.09). बुरे से बुरे समय में भी योगी का मन शान्त रहता है. (गीता 6.19)

जय : क्या बच्चों के लिए ध्यान-योग का कोई सरल सा उपाय है, दादी मां?

दादी मां : हां, है. मन ही तुम्हारा सबसे अच्छा मित्र है और मन ही सबसे बुरा शत्रु भी. मन उनके लिए मित्र है, जो इसे नियंत्रण में रखते हैं और उनके लिए शत्रु है जिनका नियंत्रण उस पर नहीं रहता (गीता 6.05-06). इसलिए तुम्हें इस शत्रु को वश में करने का प्रयत्न करना चाहिये. मन हवा की भांति है, बहुत ही चंचल और नियंत्रण करने के लिए कठिन. किन्तु तुम नियमित रूप से ध्यान-योग का अभ्यास करके इसे वश में कर सकते हो (गीता 6.34). गुरु नानक ने कहा है-- मन को जीत लो, तो तुम सारे संसार को जीत लोगे.

ध्यान-योग का सरल उपाय

ध्यान के लिए सबसे अच्छा समय स्कूल जाने या सोने से पहले का है. अपने ध्यान या पूजा के कमरे में बैठ जाओ. अपनी छाती, रीढ़, गर्दन और सिर को सीधा करो, निश्चल और दृढ़. अपनी आंखें बन्द करो और कुछ मंद, गहरी सांसें लो. अपनी प्रिय देवता का ध्यान करो और उसका आशीर्वाद मांगो. मन ही मन 'ओम्' का पांच मिनट जाप करो. यदि तुम्हारा मन इधर-उधर भागने लगे, तो उसे धीरे से अपने इष्ट देवी-देवता पर वापिस लगाओ.

हमारे धर्म-ग्रन्थों में ध्रुव नाम के एक बालक की कथा है, जिसने ध्यान-मार्ग द्वारा अपनी इच्छा पूरी की.

6. ध्रुव की कथा

ध्रुव राजा उत्तानपाद और रानी सुनीति का बेटा था. राजा उत्तानपाद को अपनी दूसरी पत्नी सुरुचि से गहरा प्यार था. ध्रुव की मां सुनीति के प्रति उसका दुष्टता का व्यवहार था.

एक दिन जब ध्रुव पांच वर्ष का था, तो उसका सौतेला भाई उनके पिता की गोद में बैठा था. ध्रुव ने भी वहां बैठना चाहा. किंतु उसकी सौतेली मां ने उसे रोक दिया और घसीटकर एक ओर कर दिया.

वह बहुत ही बेरुखी से ध्रुव से बोली, "यदि तुम्हें अपने पिता की गोद में बैठने की इच्छा थी, तो अपनी मां की जगह मेरी कोख से जन्म लिया होता. कम से कम अब भगवान् विष्णु से प्रार्थना तो करो कि वह इस बात को सम्भव बनायें."

ध्रुव को अपनी सौतेली मां के अपमान भरे वचनों से बहुत गहरा दुःख पहुंचा. वह रोता हुआ अपनी मां के पास गया. उसकी मां ने उसे ढांढ्स बंधाया और अपनी सौतेली मां की बात को गम्भीरता से लेकर भगवान् विष्णु की उपासना करने को कहा, जो सब जीवों के सहायक हैं.

ध्रुव ने पिता का राज्य छोड़कर भगवान् विष्णु के दर्शन करने के दृढ़ निश्चय के साथ वन की राह ली. वह ऊंचे स्थान पर जाना चाहता था. मार्ग में उसे नारद मुनि मिले. उन्होंने उसे भगवान् कृष्ण के विष्णु रूप की पूजा करने के लिए बारह अक्षरों का मंत्र दिया, "ओम् नमो भगवते वासुदेवाय". ध्रुव ने छः मास तक भगवान् विष्णु की पूजा की. विष्णु भगवान् ने उसे दर्शन दिये. भगवान् विष्णु ने ध्रुव को वचन दिया कि ध्रुव की मनोकामना पूरी होगी और उसे ध्रुव तारा (North Pole Star) के उच्चतम दैवी स्थान प्राप्त होगा.

ध्रुव राज्य में लौट गया. जब राजा बूढ़ा हो गया, तो उसने ध्रुव को राज्य देने का निर्णय किया. ध्रुव ने बहुत वर्षों तक राज्य किया और अन्त में भगवान् विष्णु द्वारा वरदान पाकर ध्रुव, नक्षत्र पहुंच गया. कहा गया है कि सारा आकाश मंडल नक्षत्र और तारों से बना है. सभी ध्रुव तारा के इर्द-गिर्द घूमते हैं. आज तक, जब भी भारतीय लोग ध्रुव तारा को देखते हैं, तो पवित्र मनवाले दृढ़ निश्चयी भक्त ध्रुव को याद करते हैं.

जय : जो योगी इस जीवन में सफल नहीं होता, उसका क्या होता है?

दादी मां : योगी का किया हुआ कोई भी आध्यात्मिक अभ्यास कभी व्यर्थ नहीं जाता. असफल योगी का पुनर्जन्म आध्यात्मिक या धनी परिवार में होता है. वह उस ज्ञान को पुन: आसानी से प्राप्त कर लेता है--जो उसने पिछले जन्म में अर्जित किया था--और जहां उसने योग छोड़ा था वहीं से आगे चलकर वह पूर्णता प्राप्त करने का पुन: प्रयल करता है. कोई भी आध्यात्मिक प्रयास व्यर्थ नहीं जाता है.

अध्याय छ: का सार-- सर्वश्रेष्ठ योगी बनने के लिए सब जीवों को अपने जैसा देखो. दूसरों के सुख-दु:ख को अपना समझो. ध्यान-योग का बहुत सरल तरीका 'ओम्' जाप के प्रयोग का है.

अध्याय सात
ज्ञान-विज्ञान

जय : सारे विश्व का निर्माण कैसे हुआ, दादी मां? क्या उसका कोई बनाने वाला है?

दादी मां : किसी भी रचना (सृष्टि) के पीछे उसका कोई बनाने वाला (रचयिता, सृष्टा) होता है, जय. कोई भी चीज़ बिना किसी व्यक्ति या शक्ति के पैदा नहीं की जा सकती, नहीं बनाई जा सकती. न केवल उसकी सृष्टि के लिए, बल्कि उसके पालन करने और चलाने के लिए भी किसी न किसी शक्ति की ज़रूरत होती है. हम उस शक्ति को ही भगवान् कहते हैं. परमप्रभु, परमात्मा, कृष्ण, ईश्वर, शिव कहते हैं. दूसरे धर्मों ने उसे अल्लाह, पिता, जहोवा, और अन्य नामों से पुकारा है. वास्तविक अर्थ में भगवान् सृष्टि का सृष्टा नहीं है, बल्कि वह स्वयं ही विश्व में हर वस्तु का रूप धारण करके रहता है. वह ब्रस्मा के रूप में अवतरित होता है, जिसे हम सृष्टा कहते हैं. वास्तव में ब्रस्मा और अन्य सभी देवी-देवता केवल एक ही भगवान् की भिन्न-भिन्न शक्तियों के नाम हैं. लोग सोचते हैं कि हिन्दू बहुत से भगवान् की पूजा करते हैं, पर उनका ऐसा सोचना सच्चे ज्ञान के अभाव के कारण है. सारा विश्व ही भगवान् का रूप है. यही वेदान्त का उच्चतम दर्शन है, जिसे शायद तुम अभी पूरी तरह नहीं समझ सकते.

जय : एक भगवान् विश्व में इतनी वस्तुएं कैसे बन जाता है?

दादी मां : सांख्य मत के अनुसार परमात्मा स्वयं पदार्थ का रूप धारण कर लेती है, जो पांच मूल तत्त्वों से बने हैं. सारी सृष्टि परमात्मा (या आत्मा) और पदार्थ (या प्रकृति), इन दो शक्तियों के मेल से उत्पन्न होती है (गीता **7.06**). वही सूर्य और चन्द्रमा में प्रकाश के रूप में है. मानवों में वह मन और बल के रूप में है. वह हमारे भोजन को पचाती है और जीवन को सहारा देती है. उसी एक आत्मा के द्वारा हम सब एक-दूसरे से जुड़े हैं, जैसे माला के सब फूल एक ही धागे से जुड़े होते हैं. (गीता **7.07**)

जय : यदि परमात्मा सब जगह है और सब चीज़ों में है, तो हर कोई उसे समझता क्यों नहीं, प्यार क्यों नहीं करता और उसकी पूजा क्यों नहीं करता?

दादी मां : बहुत अच्छा प्रश्न है यह, जय. प्राय: लोगों का परमात्मा के बारे में गलत विचार होता है, क्योंकि हर किसी को उसको समझने की शक्ति नहीं मिली है. जैसे कुछ लोग साधारण गणित भी नहीं समझ पाते, वैसे ही वे लोग, जिनके अच्छे कर्म नहीं है, परमात्मा को न जान सकते हैं, न समझ सकते हैं, न उसे प्यार कर सकते हैं और ना ही उसकी पूजा कर सकते हैं.

जय : तब वे कौन हैं, जो परमात्मा को समझ सकते हैं?

दादी मां : चार प्रकार के लोग हैं, जो परमात्मा की उपासना करते हैं या उसे समझने का प्रयास करते हैं. (1) वे जो रोगी हैं या किसी **संकट** में हैं या अपने अध्ययन या अन्य काम को भली-भांति करने में परमात्मा की सहायता चाहते हैं. (2) जो परमात्मा का ज्ञान पाने का प्रयल कर रहे हैं. (3) जिन्हें धन या पुत्र आदि किसी वस्तु की इच्छा है और (4) वे ज्ञानी, जिन्हें भगवान् का ज्ञान है (गीता **7.16**). भगवान् कृष्ण चारों प्रकार के लोगों को भक्त मानते हैं. परन्तु ज्ञानी सर्वश्रेष्ठ है क्योंकि वह भगवान् से बिना किसी चीज़ की इच्छा किये उनकी उपासना करता है. ऐसा ज्ञानी पुरुष भी भगवान् को पूरी तरह कई जन्मों के बाद ही जान पाता है. (गीता **7.19**)

जय : यदि मैं कृष्ण की पूजा करूं, तो क्या मुझे परीक्षा में अच्छे मार्क मिल सकेंगे या मुझे रोग से मुक्ति मिल जायेगी?

दादी मां : हां. वे उन सबकी इच्छाएं पूरी करते हैं, जो उनमें विश्वास रखते हैं और पूरी आस्था के साथ सदा उनकी उपासना करते हैं. परमात्मा हमारी माता और हमारे पिता दोनों हैं. तुम्हें प्रभु से जो चाहिये, अपनी प्रार्थना में मांगना चाहिये. वे अपने निष्ठ भक्तों की इच्छाएं ज़रूर पूरी करते हैं. (गीता **7.21**)

जय : फिर हर कोई कृष्ण की पूजा क्यों नहीं करता? हम गणेश देवता, हनुमान, मां सरस्वती और कई और देवी-देवताओं की पूजा क्यों करते हैं?

दादी मां : भगवान् कृष्ण परम प्रभु का नाम है. हिन्दू धर्म के कुछ सम्प्रदाय परम प्रभु को भगवान् शिव भी कहते हैं. अन्य धर्मों के अनुयायी उसे बुद्ध, ईसा, अल्लाह, पिता आदि कहते हैं. अन्य देवी-देवता उसी की शक्ति के अंग हैं. जैसे वर्षा का सारा जल सागर को जाता है, उसी प्रकार किसी भी देवी-देवता की पूजा कृष्ण अथवा परमात्मा को ही जाती है. किन्तु आरम्भ में व्यक्ति को अनेक में से किसी एक देवी/देव को चुनकर पूजा के द्वारा उससे व्यक्तिगत (personal) सम्बन्ध स्थापित करना चाहिये या कम से कम अपने इष्ट देव/देवी को नित्य नमस्कार करना चाहिये. वह व्यक्तिगत देवी/देव तब तुम्हारा व्यक्तिगत मार्गदर्शक और सहायक बन जाता है. व्यक्तिगत देवी-देव को ईष्टदेवी या ईष्टदेव भी कहते हैं.

जय : आपने कहा कि सारा विश्व परमात्मा का ही दूसरा रूप है. क्या भगवान् निराकार है या भगवान् कोई रूप धारण करता है?

दादी मां : यह बड़ा प्रश्न न केवल बच्चों में भ्रम पैदा करता है, बल्कि बड़ों के लिए भी समस्या है. इस प्रश्न के उत्तर के आधार पर हिन्दू धर्म में कई सम्प्रदाय या वर्ग पैदा हो गये हैं. एक सम्प्रदाय, जिसका नाम आर्यसमाज है, मानता है कि भगवान् कोई रूप धारण नहीं कर सकता है और निराकार है, दूसरे वर्ग का विश्वास है कि भगवान् रूप धारण करता है, उसका एक स्वरूप है. तीसरे वर्ग का विश्वास है वह निराकार है, और रूप भी धारण करता है. और एक वर्ग ऐसा भी है जो विश्वास करता है कि भगवान् निराकार और साकार दोनों है.

मेरा विश्वास है कि हर चीज़ का एक रूप होता है. संसार में कुछ भी बिना रूप के नहीं है. प्रभु का भी एक दिव्य-रूप (Transcendental form) है, जो हमारी इन आंखों से दिख नहीं सकता. उसे मानवीय मस्तिष्क से नहीं समझा जा सकता, ना ही शब्दों से उसका वर्णन किया जा सकता है. परमात्मा इन्द्रियातीत, विराट, अलौकिक रूप वाला है. उसका कोई आदि या अन्त नहीं है, किन्तु वह हर चीज़ का आदि और अन्त है. <u>अदृश्य परमात्मा ही दृश्य जगत का कारण है.</u> अदृश्य का अर्थ निराकार नहीं है. जो भी हम देखते हैं, वह परमात्मा का ही दूसरा रूप है. जैसा कि गीता

(7.19) में कहा गया है. सब वस्तुओं में परमात्मा को देखने के व्यावहारिक रूप को समझाने के लिए एक कथा है.

7. सब जीवों में प्रभु को देखें

एक वन में एक सन्त महात्मा रहते थे. उनके बहुत से शिष्य थे. उन्होंने अपने शिष्यों को सब जीवों में प्रभु को देखने की शिक्षा दी और सबको झुककर प्रणाम करने को कहा. एक बार उनका एक शिष्य जंगल में आग के लिए लकड़ी लेने गया. आचानक उसे एक चीख़ सुनाई दी.

"रास्ते से हट जाओ. एक पागल हाथी आ रहा है."

महात्मा के एक शिष्य को छोड़कर सब लोग भाग खड़े हुए. उसने हाथी को भगवान् के ही एक अन्य रूप में देखा. तो क्यों भागता वह उससे? वह निश्चल खड़ा रहा. झुककर हाथी को प्रणाम किया. हाथी के रूप में भगवान् का ध्यान करना शुरू कर दिया.

हाथी का महावत फिर चिल्लाया, "भागो, भागो."

किन्तु शिष्य नहीं हिला. हाथी ने उसे अपनी सूंड से पकड़ा और एक तरफ फेंक कर अपने रास्ते पर चलता बना. शिष्य धरती पर बेहोश पड़ा रहा. इस घटना की बात सुनकर उसके गुरूभाई आये और उसे उठाकर आश्रम में ले गये. जड़ी-बूटी की दवा से वह फिर होश में आ गया.

तब किसी न पूछा, "जब तुम्हें पता था कि पागल हाथी आ रहा है, तो तुम उस जगह को छोड़कर भागे क्यों नहीं?"

उसने उत्तर दिया, "हमारे गुरु जी ने हमें सिखाया है कि प्रभु सब जीवों में है, पशुओं में भी और मानवों में भी. अत: मैंने सोचा कि वह केवल हाथी-देवता ही था, जो आ रहा था. इसलिए मैं भागा नहीं."

इस पर गुरु ने कहा, "हां, मेरे बच्चे, यह तो सच है कि हाथी-देवता आ रहा था, किन्तु महावत-देवता ने तो तुमसे रास्ते से हट जाने को कहा. तुमने महावत के शब्दों पर विश्वास क्यों नहीं किया? फिर हाथी-देवता को आत्म-ज्ञान था नहीं कि हम सब प्रभु हैं."

परमात्मा सब जीवों में रहता है. वह बाघ में भी है, पर हम बाघ को गले तो नहीं लगा सकते. केवल अच्छे लोगों के समीप रहो और पापात्माओं से दूर रहो. <u>**बुरे, पापी और दुर्जनों से दूर रहो.**</u>

8. अदृश्य

एक दिन एक छ: वर्ष की लड़की कक्षा में बैठी थी. अध्यापक विकास-सिद्धान्त को बच्चों को समझा रहा था.

अध्यापक ने एक छोटे बच्चे से पूछा, "मानव, क्या तुम्हें बाहर एक पेड़ दिखाई देता है?"

मानव – "हां."

अध्यापक – "बाहर जाओ और देखो कि तुम आकाश को देखते हो या नहीं."

मानव – "अच्छा." (कुछ मिनटों में लौटकर) "हां, मैंने आकाश देखा."

अध्यापक – "तुमने कहीं परमात्मा को देखा?"

मानव – "नहीं."

अध्यापक – "यही तो मैं कहता हूं. हम परमात्मा को नहीं देख सकते क्योंकि वह है ही नहीं. उसका अस्तित्त्व ही नहीं."

एक छोटी लड़की बोल उठी. वह लड़के से कुछ प्रश्न पूछना चाहती थी. अध्यापक ने अनुमति दे दी. छोटी लड़की ने लड़के से पूछा, "मानव, तुमने बाहर पेड़ को देखा?"

मानव – "हां."

छोटी लड़की – "मानव, तुम्हें बाहर घास दिखाई देती है?"

मानव – "हां...आं."

छोटी लड़की – "मानव, तुम अध्यापक को देखते हो?"

मानव – "हां."

छोटी लड़की – "क्या तुम उनके मन या मस्तिष्क को देखते हो?"

मानव – "नहीं."

छोटी लड़की – "फिर तो जो हमें आज स्कूल में पढ़ाया गया, उसके अनुसार उनके मन होगा ही नहीं."

परमात्मा हमारी भौतिक आंखों से नहीं देखा जा सकता. उसे केवल ज्ञान, आस्था और भक्ति की आंखों से देखा जा सकता है (गीता 7.24-25). हम दृष्टि से नहीं, विश्वास से चलते हैं. वह हमारी प्रार्थनाओं का उत्तर देता है, उन्हें सुनता है.

अध्याय सात का सार-- परमात्मा एक ही है, जो अनेक नामों से पुकारा जाता है. हमारे धर्म में देवी-देवता या प्रतिमाएं उसी एक परम प्रभु की भिन्न शक्तियों के नाम हैं. देवी-देवता हमें पूजा और प्रार्थना में सहायता करने के लिए भिन्न-भिन्न नाम और रूप हैं. सारी सृष्टि प्रकृति के पांच मूल तत्त्वों (पृथिवी, जल, अग्नि, वायु और आकाश) और आत्मा से बनी है. परमात्मा निराकार भी है और साकार भी. वह कोई भी रूप धारण कर सकता है. बिना आध्यात्मिक ज्ञान के कोई परमात्मा को नहीं जान सकता.

अध्याय आठ
अक्षरब्रह्म

जय : दादी मां, मेरी आध्यात्मिक शब्दावली बहुत बड़ी नहीं है, इसलिए मैं बहुत से शब्दों को, जो मैं मन्दिर में सुनता हूं, समझ नहीं पाता. क्या उनमें से कुछ शब्दों को आप समझा सकती हैं?

दादी मां : मैं कुछ संस्कृत शब्दों को समझाऊंगी, तुम ध्यान से सुनो. इन शब्दों को शायद इस उम्र में पूरी तरह न समझ पाओ.

जो आत्मा सब जीवों के अन्दर रहता है, उसे संस्कृत में ब्रह्म कहते हैं. ब्रह्म (या आत्मा) न केवल सब जीवों का पोषण करता है, उनका आधार है, बल्कि सारे विश्व का भी आधार है, पालन कर्त्ता है. परमात्मा अनादि (जिसका शुरुआत नहीं है), अनन्त (जिसका अन्त नहीं है), शाश्वत (जो सदा रहता है) और अपरिवर्तनीय (जो कभी बदलता नहीं) है. अत: इसको अजर, अमर, अक्षर-ब्रह्म भी कहते हैं. ब्रह्म शब्द से प्राय: ब्रह्मा का भ्रम भी हो जाता है, जो सृष्टिकर्त्ता है विश्व का, क्रियात्मक ऊर्जा-शक्ति है. ब्रह्म को ब्रह्मन् भी कहते हैं. ब्रह्मन् शब्द से कभी-कभी ब्राह्मण का भ्रम भी हो जाता है, जो भारत में एक ऊंची जाति का नाम है. ब्राह्मण शब्द को मैं आगे अध्याय 18 में समझाऊंगी.

परब्रह्म या परमात्मा को, पिता, माता, परमप्रभु God आदि भी कहते हैं जो सब चीज़ों का मूल है-- ब्रह्म या आत्मा का भी.

कर्म शब्द के कई अर्थ हैं. साधारणत: इसका अर्थ क्रिया है, जो हम करते हैं. इसका अर्थ पिछले जन्मों में किये गये कर्मों के जमा हुए फल, भी है.

ब्रम्ह की विभिन्न शक्तियों को देव, देवी या देवता कहते हैं. हम अपनी इच्छाओं की पूर्ति के लिए इनकी पूजा करते हैं.

ईश्वर परमात्मा की वह शक्ति है, जो हर जीव के शरीर में रहकर जीव का मार्गदर्शन करती है और हम पर **नियंत्रण (control)** भी रखती है.

भगवान् का सीधा-सादा अर्थ है शक्तिशाली. यह शब्द परमात्मा के लिए भी प्रयोग किया जाता है. श्रीकृष्ण को हम भगवान् कृष्ण भी कहते हैं.

जीव या जीवात्मा वे जीवित प्राणी हैं, जो जन्म लेते हैं, सीमित आयु पाते हैं और मरते (या रूप बदलते) हैं.

जय : मुझे प्रभु की याद (स्मरण, ध्यान) और उपासना कितनी बार करनी चाहिये.

दादी मां : हमें खाने से पहले, सोने से पहले, प्रातःकाल उठने के बाद और काम या अध्ययन शुरू करने से पहले परमात्मा को याद करने की आदत डालनी चाहिये.

जय : क्या हम मृत्यु के बाद सदा मनुष्य के रूप में ही अगला जन्म लेते हैं?

दादी मां : मनुष्य पृथ्वी पर पाई जाने वाली चौरासी लाख योनियों में से किसी भी योनि में मृत्यु के बाद फिर से जन्म ले सकता है. भगवान् कृष्ण ने कहा है, "मृत्यु के समय व्यक्ति जिसका भी स्मरण करता है, मृत्यु के बाद वही पाता है. मृत्यु के समय व्यक्ति वही याद करता है, जिसका विचार उसके जीवन-काल में ज्यादातर रहता है." (गीता **8.06**) अतः मनुष्य को हर समय प्रभु का स्मरण करते हुए अपने कर्तव्य का पालन करना चाहिये. (गीता **8.07**)

आत्मा के आवागमन को समझाने के लिए एक कथा है.

9. राजा भरत की कथा

जब ऋषि विश्वामित्र अपने ही अलग विश्व की सृष्टि करने में व्यस्त थे, तो स्वर्ग के राजा इन्द्र को यह सहन न हुआ. तब इन्द्र ने स्वर्ग की सुन्दरी नर्तकी मेनका को उनके काम में विघ्न डालने को भेजा. मेनका अपने काम में सफल हो गई और विश्वामित्र ऋषि की एक पुत्री को उसने जन्म दिया, जिसका नाम शकुन्तला था. मेनका के उसे त्याग कर स्वर्ग चले जाने के बाद शकुन्तला का पालन-पोषण कण्व ऋषि के आश्रम में हुआ.

एक दिन दुष्यन्त नाम के एक राजा ने कण्व ऋषि के आश्रम में प्रवेश किया. वहां वह शकुन्तला से मिला और उस पर मोहित हो गया. दुष्यन्त ने गुप्त रूप से आश्रम में शकुन्तला से विवाह कर लिया. कुछ समय के बाद शकुन्तला ने एक बेटे को जन्म दिया, जिसका नाम भरत रखा गया. वह बहुत सुन्दर और बलशाली था, जो बचपन में भी किसी देवता का पुत्र लगता था. जब वह केवल छः वर्ष का था, तो वह बाघ, सिंह और हाथी जैसे जंगली जानवरों के बच्चों को बांधकर वन में खेला करता था.

दुष्यन्त की मृत्यु के बाद भरत राजा बना. भरत देश का सबसे महान् राजा था. आज भी हम हिन्दुस्तान को भारतवर्ष या राजा भरत के देश के नाम से पुकारते हैं. राजा भरत के नौ बेटे थे, किन्तु उनमें से कोई भी ऐसा नहीं लगा जो उसके बाद राजा बनने के योग्य होता. इसलिए भरत ने एक योग्य बच्चे को गोद लिया, जिसने भरत के बाद राज्य संभाला. इस प्रकार राजा भरत ने प्रजातंत्र (democracy) की नींव डाली.

भरत नाम के और भी कई शासक हुए हैं, जैसे भगवान् राम के अनुज भरत और महाराजा भरत. महाराज भरत की एक कथा इस प्रकार है :

ऋषिराज ऋषभदेव के बेटे भगवान् के भक्त महाराजा भरत ने भी हमारी सभी धरती पर शासन किया. उन्होंने बहुत समय तक राज्य किया, किन्तु अन्त में एक संन्यासी का आध्यात्मिक जीवन जीने के लिए सब कुछ त्याग दिया. यद्यपि भरत महान् राज्य का त्याग करने में समर्थ थे, किन्तु उन्हें एक शिशु हरिण के प्रति गहरा मोह पैदा हो गया. एक बार जब वह हरिण कहीं गायब हो गया, महाराजा भरत बहुत दुःखी हो गये और उसकी खोज करने लगे. हिरण की खोज करते हुए और उसकी अनुपस्थिति से शोक में डुबे महाराजा भरत गिर पड़े और मर गये. चूंकि मृत्यु के समय उनका मन पूरी तरह हिरण के ध्यान में डूबा हुआ था, उन्होंने एक हिरणी के गर्भ से अगला जन्म लिया.

यही है आत्मा के आवागमन (आने जाने का चक्कर, Transmigration) का सिद्धान्त, जिसमें हमारा विश्वास है. कुछ पश्चिमी लोग भी पुनर्जन्म (Reincarnation) में विश्वास करते हैं. पुनर्जन्म का सिद्धान्त ऐसा मानता है कि मानव-आत्मा मनुष्यों के ही रूप में पुनर्जन्म लेती है, पशुओं के रूप में नहीं. आवागमन का सिद्धान्त पुनर्जन्म के सिद्धान्त से अधिक व्यापक है.

जय : यदि प्राणी जन्म और मृत्यु के चक्र में लगे रहते हैं, तो सूरज, चांद, धरती और दूसरे नक्षत्रों की क्या गति है? क्या उनका भी जन्म और क्षय होता है?

दादी मां : सारी सृष्टि का अपना जीवन-काल होता है. जो संसार हमें दिखाई देता है, जैसे सूरज, चांद, तारे आदि नक्षत्र और ग्रह, उनका जीवन काल 8.64 अरब वर्ष है. इस काल में सारे दिखाई देने वाले सृष्टि का विनाश होता है (गीता 8.17-19). किन्तु ब्रस्म अविनाशी है, शाश्वत है. उसका कभी क्षय नहीं होता.

जय : यदि कोई व्यक्ति मृत्यु के बाद इस संसार में वापिस नहीं लौटते, तो उनका क्या होता है? क्या वे स्वर्ग जाते हैं और सदा वहीं रहते हैं?

दादी मां : जो मनुष्य इस धरती पर अच्छे कर्म करते हैं, वे स्वर्ग में जाते हैं, किन्तु स्वर्ग का सुख भोगकर उन्हें वापिस धरती पर आना पड़ता है (गीता 8.25, 9.21). जो लोग दुर्जन और दुष्कर्मी रहे हैं, वे दण्डस्वरूप नरक में जाते हैं. वे भी धरती पर वापिस लौटते हैं. जिन मनुष्यों ने निर्वाण पा लिया है, वे फिर जन्म नहीं लेते. वे परमात्मा के साथ मिलकर एक हो जाते हैं और परम-धाम को जाते हैं.

जय : हम परम-धाम कैसे प्राप्त कर सकते हैं?

दादी मां : जिन्होंने परमात्मा का सच्चा ज्ञान पा लिया है, वे ब्रस्म-ज्ञानी कहलाते हैं और परमधाम को जाते हैं. उनका अगला जन्म नहीं होता. इसे मुक्ति कहा जाता है (गीता 8.24). मुक्ति उन अज्ञानी व्यक्तियों को नहीं मिलती जो अच्छे गुणों-- जैसे जप, तप, ध्यान, भगवान में विश्वास और ब्रस्म-ज्ञान आदि से वंचित हैं. जो ब्रस्म-ज्ञानी नहीं है, किन्तु जिन्होंने अच्छे कर्म किये हैं, वे अपने अच्छे कर्मों के कारण स्वर्ग जाते हैं और पुन: धरती पर जन्म लेते रहते हैं, जब तक वे पूर्णता को प्राप्त नहीं कर लेते और आत्म-ज्ञानी नहीं बन जाते. (गीता 8.25)

अध्याय आठ का सार-- इस अध्याय में कुछ संस्कृत शब्दों की व्याख्या की गई है, जो तुम बड़े होने पर अच्छी तरह समझ सकोगे. इसके साथ ही आवागमन और विश्व की सृष्टि और प्रलय को भी समझाया गया है. ब्रस्म-ज्ञान की प्राप्ति का एक सहज और आसान तरीका है-- प्रभु को सदा याद रखना और अपना कर्तव्य करते रहना.

अध्याय नौ
राजविद्या-राजरहस्य

जय : जब भगवान पृथिवी पर अवतरित होते हैं, तो क्या वे वैसे ही होंगे, जैसे हम या वे हमसे अलग होते हैं?

दादी मां : भगवान जब मनुष्य रूप में अवतार लेते हैं तो उनकी लीला मनुष्य और भगवान दोनों तरह की होती है.

अब मैं तुम्हें हिन्दू धर्म के दो सिद्धान्तों को समझाने की कोशिश करती हूं. उदाहरण के लिए मेरी इस चेन, मेरी अंगूठी और इस सोने के सिक्के को देखो. ये सब सोने से बने हैं. तो तुम उन्हें सोने के रूप में देख सकते हो. और तुम हर चीज़ को, जो सोने से बनी है, सोने के रूप में देख सकते हो. वे सोने के ही अलग-अलग नाम और रूप हैं. किन्तु तुम उन सबको अलग-अलग चीज़ों के रूपों में भी देख सकते हो-- जैसे चेन, अंगूठी, और सिक्का का रूप. चेन, अंगूठी, सिक्का आदि सोने के ही अलग-अलग नाम और रूप हैं. इसी प्रकार हम भगवान और उसकी सृष्टि को स्वयं भगवान के विस्तार के रूप में देख सकते हैं. इस विचार (दृष्टिकोण) को अद्वैत-दर्शन (non-dualism) कहा जाता है.

दूसरे दृष्टिकोण के अनुसार भगवान एक सत्य है और उसकी सृष्टि दूसरा अलग सत्य है, किन्तु वह भगवान पर निर्भर है. यह द्वैत-दर्शन (dualism) है; जो चेन, अंगूठी और सिक्का आदि सोने से बनी चीज़ों को सोने से अलग मानता है. (गीता 9.04-06)

जय : क्या यही वह बात है, जब लोग कहते हैं कि भगवान सब जगह और सब चीज़ों में है?

दादी मां : हां, जय. परमात्मा सूरज है, चांद है, वायु है, आग, पेड़, धरती और पत्थर है, उसी तरह जैसे सोने से बनी हर चीज़ सोना है. इसीलिए हिन्दू पत्थर में और पेड़ में भगवान को देखते और पूजते हैं, मानो वे उस रूप में स्वयं भगवान हों.

जय : यदि प्रत्येक वस्तु भगवान से आती है, तो हर वस्तु क्या फिर भगवान बन जायेगी, जैसे सोने की बनी हर वस्तु को सोने में पिघलाया जा सकता है.

दादी मां : हां, जय. सृष्टि और प्रलय का चक्र चलता ही रहता है. यह वैसा ही है जैसे मेरी अपनी चेन, अंगूठी और सोने के सिक्के को पिघला कर सोने में बदलना और फिर सोने का प्रयोग नये आभूषण और सिक्के बनाने में करना (गीता 9.07-08). पिघलाने के काम को प्रलय कहते हैं. प्रलय के बाद सृष्टि का फिरसे निर्माण होता है और यह प्रलय-निर्माण चक्र चलता रहता है.

जय : यदि भगवान हम ही हैं और हम सब भगवान से ही आते हैं, तब हर कोई भगवान को प्यार क्यों नहीं करता, क्यों उनकी पूजा नहीं करता?

दादी मां : जो सत्य को समझते हैं, भगवान् की उपासना करते हैं. वे जानते हैं कि प्रभु हमारे स्वामी हैं और हमारी उत्पत्ति उन्हीं से व उन्हीं के लिए हुई है और हम सब उन्हीं पर निर्भर रहते हैं. इसीलिए वे प्रभु को प्यार करते हैं और उनकी उपासना करते हैं. किन्तु अज्ञानी लोग नहीं समझते और ना ही सर्वव्यापी भगवान में पूर्ण विश्वास करते हैं.

जय : यदि मैं प्रतिदिन भगवान् की पूजा करूं, उन्हें प्यार करूं और उन्हें फल-फूल चढ़ाऊं, तो क्या वे मुझसे प्रसन्न होंगे और मेरी पढ़ाई में सहायता करेंगे?

दादी मां : भगवान् कृष्ण ने गीता में कहा है कि अपने सब भक्तों की--जो दृढ़ विश्वास और प्रेम भरी भक्ति के साथ उनकी पूजा करते हैं-- देखभाल करते हैं. (गीता **9.22**)

जय : क्या इसका ये अर्थ है कि भगवान् केवल उन्हें ही प्यार करते हैं, जो उनकी प्रार्थना और पूजा करते हैं?

दादी मां : भगवान् हम सबको एक सा ही प्यार करते हैं, किन्तु यदि हम उनका स्मरण करते हैं और उनकी प्रार्थना करते हैं, तो हम भगवान के ज्यादा समीप आते हैं. इसीलिए हम सबको उनका स्मरण करना चाहिये, उनकी उपासना करनी चाहिये, उनका ध्यान करते हुए श्रद्धा-भक्ति और प्रेम से उनके सम्मुख नत-मस्तक होना चाहिये.

जय : मैं भगवान् कृष्ण के समीप आना चाहूंगा, दादी मां. मैं उनमें और अधिक आस्था कैसे रख सकता हूं, कैसे उन्हें और अधिक प्यार कर सकता हूं?

दादी मां : उन सब अच्छी चीज़ों के बारे में विचार करो, जो भगवान् हमारे लिए करते हैं. वे हमें इतनी अलग-अलग खाने की चीज़ें देते हैं, जिनका सुख हम भोगते हैं. उन्होंने हमें गर्मी और प्रकाश के लिए सूरज दिया. चांद-तारों और रात में बादलों से भरा सुन्दर आकाश देखो. ये सब उनकी सुन्दर सृष्टि है, तो फिर सोचो उनको बनाने वाला स्वयं कितना सुन्दर होगा. प्रभु की उपासना उनकी कृपा के लिए उन्हें धन्यवाद देना है. प्रार्थना उन वस्तुओं का मांगना है, जो हमें भगवान् से चाहिये. और ध्यान-योग सर्वशक्तिमान् के साथ जुड़ना है, सहायता और मार्गदर्शन के लिए.

जय : जब भगवान् एक ही हैं, जो हमें सब कुछ देते हैं, तो दादी मां, आप अपने पूजा-रूम में इतने देवी-देवताओं की प्रतिमाएं क्यों रखती हैं? केवल एक भगवान् (कृष्ण) की ही पूजा (उपासना) क्यों नहीं करतीं?

दादी मां : भगवान् कृष्ण ने कहा है, "वे, जो अन्य देवी-देवताओं की पूजा करते हैं, उन देवी-देवताओं के द्वारा मुझे ही पूजते हैं." (गीता **9.23**). हम किसी भी देवी-देवता की, जिसके साथ समीपता का अनुभव करते हैं, पूजा कर सकते हैं. वह हमारा ईष्टदेव (Personal god) कहलाता है. अपना निजी देवता, जो हमारा व्यक्तिगत मार्गदर्शक और रक्षक का काम करता है.

जय : हम भगवान् को फल-फूल क्यों चढ़ाते हैं?

दादी मां : भगवान् कृष्ण ने गीता में कहा है कि जो कोई भी उन्हें एक पत्र, एक पुष्प, एक फल, जल अथवा कोई भी वस्तु श्रद्धा-भक्ति से अर्पण करता है, वे न केवल उसे स्वीकार करते हैं, वरन् उसका भोग भी करते हैं (गीता **9.26**). इसीलिए हम खाने से पहले प्रार्थना के साथ सदा अपना भोजन भगवान् को अर्पित करते हैं. भगवान् को अर्पण किया गया पदार्थ प्रसाद या प्रसादम् कहलाता है. कोई भी व्यक्ति भगवान् को प्राप्त कर सकता है, जो उनकी पूजा विश्वास, प्रेम और भक्ति के साथ करता है. भक्ति का यह मार्ग हम सबके लिए खुला है.

आस्था-विश्वास की शक्ति की एक कथा इस प्रकार है :

10. लड़का, जिसने भगवान् को खिलाया

एक कुलीन व्यक्ति भोजन अर्पण करके नित्य ही परिवार के ईष्ट देव की पूजा करता था. एक दिन उसे एक दिन के लिए अपने गांव से बाहर जाना पड़ा. उसने अपने बेटे रमण से कहा, "देव प्रतिमा को भेंट अर्पित करना. ध्यान रहे, देवता को खिलाया जाये."

लड़के ने प्रतिमा को पूजा घर में भोजन अर्पित किया. किन्तु देव-प्रतिमा ने न कुछ खाया न पिया, न ही कोई बात की. रमण ने बहुत देर तक प्रतीक्षा की, परन्तु प्रतिमा तब भी न हिली. किन्तु उसका पक्का विश्वास था कि भगवान् अपने स्वर्ग-सिंहासन से उतर कर आयेंगे, फर्श पर बैठेंगे और भोग लगायेंगे.

उसने पुनः-पुनः देव-प्रतिमा की प्रार्थना की. उसने कहा, "हे प्रभु, कृपा करके धरती पर उतरो और भोग लगाओ. काफी देर हो चुकी है. मेरे पिता मुझसे बहुत नाराज़ होंगे यदि मैंने आपको नहीं खिलाया." प्रतिमा ने एक शब्द भी न कहा.

लड़के ने रोना शुरू कर दिया. उसने ज़ोर से कहा, "हे पिता, मेरे पिता ने तुम्हें खिलाने को कहा था. तुम (धरती पर) आते क्यों नहीं? तुम मेरे हाथ से खाते क्यों नहीं?"

लड़का कुछ समय तक बहुत रोता रहा. अन्त में देव-प्रतिमा मनुष्य के रूप में पूजा-स्थल से मुस्कुराते हुए उतरी, भोजन के सामने बैठी और भोग लगाया.

देव-प्रतिमा को खिलाकर लड़का पूजा-कक्ष से बाहर आया. उसके सम्बन्धियों ने कहा, "पूजा खत्म हुई. अब हमारे लिए प्रसाद लाओ."

लड़के ने कहा, "भगवान् ने सब कुछ खा लिया. आज उन्होंने आप लोगों के लिए कुछ नहीं छोड़ा."

सभी लोग पूजा-कक्ष में गये. वे यह देखकर कि सचमुच ही देव-प्रतिमा ने अर्पित किए हुए भोग को पूरा का पूरा खा लिया था, आश्चर्यचकित अवाक् रह गये.

इस कहानी से हमें यह शिक्षा मिलती है कि भगवान् निश्चय ही भोजन ग्रहण करेंगे, यदि तुम पूरी श्रद्धा से, प्रेम भक्ति से उन्हें भोजन अर्पित करो. हममें से अधिकांश लोगों में रमण जैसी आस्था नहीं, श्रद्धा नहीं. उन्हें खिलाना हम नहीं जानते. कहा गया है कि हमारी आस्था भगवान् में एक बच्चे जैसी होनी चाहिये, नहीं तो हम भगवान् के परम-धाम नहीं जा सकेंगे.

जय : दादी मां, यदि कोई व्यक्ति पापी, चोर या डाकू है तो क्या वह भी भगवान् से प्यार कर सकता है?

दादी मां : हां, जय. भगवान् कृष्ण ने गीता में कहा है-- यदि पापी से पापी व्यक्ति भी प्रेम भरी भक्ति से मेरी पूजा करने का निश्चय करता है, तो वह व्यक्ति शीघ्र ही सन्त हो जाता है क्योंकि उसने सही निर्णय लिया है. (गीता 9.31) ऐसे डाकू के विषय में एक कथा इस प्रकार है :

11. एक लूटेरा डाकू-सन्त

हमारे दो लोकप्रिय महाकाव्य (ऐतिहासिक) कथाएं हैं. एक रामायण, दूसरा महाभारत. श्रीमद् भगवद् गीता महाभारत का एक भाग है. इसकी रचना ईसा-पूर्व 3,100 वर्ष में हुई. मूलत: रामायण की रचना नासा (NASA) की नई खोज के अनुसार लाखों वर्ष पहले हुई होगी. रामायण के मूल लेखक वाल्मीकि नाम के एक ऋषि थे. वाल्मीकि के बाद अन्य सन्त कवियों ने भी रामायण लिखी. भगवान् राम के जीवन पर आधारित इस महाकाव्य को बालकों को पढ़ना चाहिए. एक मिथक (प्राचीन कथा) के अनुसार नारद मुनि ने

महर्षि वाल्मीकि को रामायण की समस्त घटना को इसके घटने से पहले ही लिखने की शक्ति दी थी.

अपने जीवन के आरम्भिक काल में, वाल्मीकि राहगीरों को लूटने वाला डाकू था. वही उसकी जीविका थी. एक बार महान देवर्षि नारद उस मार्ग से गुज़र रहे थे, वाल्मीकि ने उन पर आक्रमण करके उन्हें लूटने का प्रयल किया. देवर्षि नारद ने वाल्मीकि से पूछा वह ऐसा क्यों कर रहा था. वाल्मीकि ने उत्तर दिया कि ऐसा करके ही वह अपने परिवार का पोषण करता था.

देवर्षि ने वाल्मीकि से कहा, "जब तुम किसी को लूटते हो, तो तुम पाप कमाते हो. क्या तुम्हारे परिवार के सदस्य भी उस पाप का भागी होना चाहते हैं?"

डाकू ने उत्तर दिया, "क्यों नहीं? मेरा विश्वास है, वे अवश्य ही उसमें भागी होना चाहेंगे."

देवर्षि ने कहा, "बहुत अच्छा, तुम घर जाओ और हर एक से पूछो कि वे तुम्हारे द्वारा घर लाये जाने वाले धन के साथ पाप के भी भागी होना चाहेंगे या नहीं?"

डाकू ने उनकी बात मान ली. उसने देवर्षि को एक पेड़ से बांध दिया और अपने घर चला गया. वहां उसने परिवार के हर सदस्य से पूछा, "मैं लोगों को लूटकर तुम्हारे लिए धन और बहुत-सा भोजन लाता हूं. एक सन्त ने कहा है कि लोगों को लूटना पाप है. क्या तुम उस पाप में मेरे भागीदार बनोगे?"

उसके परिवार का कोई भी सदस्य उसके पाप में भागीदार होने को तैयार न था उन सभी ने कहा, "हमारा पोषण करना तुम्हारा कर्त्तव्य है. हम तुम्हारे पाप में भागीदार नहीं बन सकते."

वाल्मीकि को अपनी ग़लती का अहसास हुआ. उसने देवर्षि नारद से पूछा कि अपने पापों का प्रायश्चित करने के लिए वह क्या कर सकता था. देवर्षि ने वाल्मीकि को सर्व शक्तिमान् और सरलतम "राम" मंत्र जपने के लिए दिया. उसे पूजा करना और ध्यान-योग सिखाया. वन-डाकू ने अपने पाप का धन्धा छोड़ दिया और शीघ्र ही वह गुरु नारद की कृपा, मंत्र-शक्ति और अपने निष्ठा भरे आध्यात्मिक अभ्यास के कारण एक महान् ऋषि और कवि बन गया.

जय, एक और कथा है, जो तुम्हें सदा याद रखनी चाहिये. यह कथा गीता के उन श्लोकों को दर्शाती है, जो कहते हैं कि भगवान् हम सबका ध्यान रखता है. (गीता 9.17-18)

12. पदचिन्ह

एक रात एक व्यक्ति ने एक सपना देखा. उसने देखा कि वह भगवान् के साथ एक सागर-तट पर चल रहा था. आकाश के आर-पार उसने अपने जीवन के दृश्य देखे. हर दृश्य के साथ उसने रेत में दोहरे पदचिन्ह देखे, अपने और भगवान् के.

जब उसके जीवन का अंतिम दृश्य उसके सामने आया, तो उसने वापिस घूमकर रेत में पदचिन्हों को देखा. उसने देखा कि कई बार उसके जीवन के पथ पर केवल एक ही के पदचिन्ह थे. उसने यह भी पाया कि यह उसके जीवन के सबसे दुखद समय में ही हुआ, जब वह निम्नतम अवस्था में था.

इससे उसे बड़ी वेदना हुई. उसने भगवान से इसके बारे में पूछा.

"भगवान, आपने कहा था कि आपका न कोई प्रिय है न अप्रिय. किन्तु आप हमेशा उनके साथ हैं, जो आपकी उपासना करते हैं (गीता 9.29). मैं देखता हूं कि मेरे जीवन के सबसे बुरे समय में मार्ग में एक ही जोड़े के पदचिन्ह हैं. मेरी समझ में नहीं आता कि जब मुझे आपकी सबसे ज्यादा ज़रूरत थी, तब आपने मुझे अकेला क्यों छोड़ दिया?"

भगवान् ने उत्तर दिया, "मेरे प्यारे बच्चे, तुम मेरी अपनी आत्मा हो, तुम मेरे प्रिय हो और मैं तुम्हें कभी अकेला नहीं छोड़ूंगा, भले ही तुम मुझे छोड़ दो. तुम्हारी परीक्षा और वेदना की घड़ी में, जब तुम्हें केवल एक ही जोड़ा पदचिन्ह दिखाई देते हैं, तुम्हें ऐसा इसलिए लगा क्योंकि मैं तुम्हें उठाकर ले जा रहा था. जब तुम मुश्किल में होते हो, तो वह तुम्हारे अपने कर्म के कारण होता है. वह तभी होता है, जब तुम्हारी परीक्षा ली जाती है ताकि तुम और शक्तिशाली हो सको."

भगवान् कृष्ण ने गीता में कहा है, "मैं उन भक्तों की, जो सदा मेरा स्मरण करते हैं, मुझे प्रेम करते हैं, स्वयं देखभाल करता हूं." (गीता 9.22)

अध्याय नौ का सार-- द्वैत-दर्शन (dualism) भगवान् को एक तत्त्व के रूप में देखता है और सृष्टि को भगवान् पर निर्भर दूसरा अलग तत्त्व के रूप में. अद्वैत-दर्शन (non-dualism) भगवान् और उसकी सृष्टि को एक ही देखता है. भगवान् हम सबको एक सा ही प्यार करते हैं, किन्तु वह अपने भक्तों में व्यक्तिगत रुचि लेते हैं, क्योंकि ऐसे व्यक्ति उनके अधिक समीप होते हैं. यह उसी प्रकार है जैसे, जो आग के समीप बैठता है, अधिक गर्मी पाता है. ऐसा कोई

पाप या पापी नहीं, जो क्षमा योग्य न हो. सच्चे पश्चाताप की अग्नि सब पापों को जला देती है. (गीता 9.30)

अध्याय दस
ब्रह्म-विभूति

जय : यदि भगवान् कृष्ण ने कहा है कि वे हमारी देखभाल करेंगे, यदि हम उनका स्मरण करें, तो मैं भगवान् को जानना और उनसे प्यार करना चाहूंगा. मैं ऐसा कैसे कर सकता हूं, दादी मां?

दादी मां : भगवान् को प्यार करना भक्ति कहलाता है. यदि तुममें भगवान् की भक्ति है, तो वे तुम्हें भगवान् विषय में ज्ञान और समझ देंगे (गीता 10.10). जितना अधिक तुम भगवान् की महिमा, शक्ति और महानता को जानोगे और उनका चिन्तन करोगे, उतना ही ज्यादा भगवान् के प्रति तुम्हारा प्यार होगा. इस प्रकार ज्ञान और भक्ति साथ-साथ चलते हैं.

जय : भगवान् तो इतने महान् और शक्तिशाली हैं, मैं उनको सत्य में कैसे जान सकता हूं?

दादी मां : भगवान् को पूरी तरह तो कोई भी नहीं जान सकता. वह सूर्यमण्डल (Solar system) की ऊर्जा और शक्ति का मूल कारण है, ऐसा कारण, जो एक महान् रहस्य ही बना रहेगा. भगवान् अजन्मा, अनादि और अनन्त है. भगवान् को केवल भगवान् ही सत्यत: जान सकता है (गीता 10.15). यदि कोई कहता है, मैं परमात्मा को जानता हूं, तो वह व्यक्ति नहीं जानता. जो भी सत् (भगवान्) को जानता है, वह कहता है-- "मैं भगवान् को नहीं जानता."

जय : तब हम भगवान् के बारे में क्या जान सकते हैं, दादी मां?

दादी मां : भगवान् सब कुछ जानते हैं, किन्तु भगवान् को कोई नहीं जान सकता. शंकराचार्य के अनुसार, सारी सृष्टि भगवान् के दूसरे रूप के सिवा और कुछ नहीं है. सृष्टि भगवान् की ऊर्जा से उत्पन्न हुई है, जिसे माया भी कहते हैं. सब कुछ उसी से आता है, और अन्त में वापिस उसी में चला जाता है. भगवान् एक है, जो अनेक बन जाता है. वह सब जगह है और सब वस्तुओं में है. (गीता 10.19-39)

वह सब प्राणियों का रचेता, पालक, पोषक और संहारक भी है. वह सब वस्तुओं की सृष्टि करता है-- सूर्य की, चन्द्रमा की, नक्षत्रों, वायु, जल, अग्नि की, यहां तक कि हमारे विचारों, भावनाओं, बुद्धि और अन्य गुणों की भी. सारी सृष्टि

में हम उसकी महिमा और महानता के दर्शन कर सकते हैं. यह सूर्य, जो तुम पृथिवी और सब नक्षत्रों के साथ देखते हो, उनकी महिमा का एक छोटा-सा अंश मात्र है. सब जगह भगवान् को देखना हमारे मन को पवित्र बनाता है और हमें अच्छा व्यक्ति बनाता है.

एक कथा है, जो दर्शाती है कि हम भगवान् के विषय में कितना कम जानते हैं. (गीता 10.15)

13. चार अन्धे आदमी

चार अन्धे आदमी एक हाथी को देखने गये.

एक ने हाथी के पैर को छुआ और कहा, "हाथी एक खम्भे की भांति है."

दूसरे ने उसकी सूंड को छुआ और कहा, "हाथी एक मोटी लाठी की तरह है."

तीसरे ने उसके पेट को छुआ और कहा, "हाथी एक विशाल घड़े की भांति है."

चौथे ने उसके कानों को छुआ और कहा, "हाथी एक बड़े हाथ के पंखे जैसा है."

इस प्रकार वे आपस में हाथी की शक्ल को लेकर लड़ने लगे.

एक व्यक्ति ने, जो उधर से गुज़र रहा था, उन्हें इस प्रकार लड़ते देखकर पूछा, "तुम सब क्यों लड़ रहे हो?" उन्होंने अपनी समस्या उस व्यक्ति को बताई और उसे निर्णय देने को कहा.

उस व्यक्ति ने कहा, "तुम में से किसी ने भी हाथी को देखा नहीं. हाथी खम्भे की तरह नहीं है. इसके पैर खम्भे की तरह हैं. यह मोटी लाठी जैसा नहीं है, इसकी सूंड मोटी लाठी जैसी है. यह बड़े घड़े जैसा नहीं है, इसका पेट बड़े घड़े जैसा है. यह पंखे की तरह भी नहीं है, इसके कान पंखे की तरह हैं. हाथी यह सब है-- पैर, सूंड, पेट, कान और उससे भी अधिक और बहुत कुछ."

इसी प्रकार, जो भगवान् की प्रकृति के बारे में वाद-विवाद करते हैं, वे उसकी वास्तविकता के केवल बहुत छोटे अंश को ही जानते हैं. इसीलिए ऋषियों ने 'नेति-नेति' कहा है अर्थात् भगवान् न यह है, न वह.

जय : जिन लोगों का परमात्मा में विश्वास नहीं है, उनके बारे में आप क्या कहेंगी?

दादी मां : ऐसे लोगों को नास्तिक कहा जाता है. वे किसी सृष्टा के अस्तित्त्व में विश्वास नहीं करते क्योंकि उनकी समझ

में नहीं आ सकता कि ऐसा पुरुष या शक्ति कैसे हो सकती है. इसलिए वे भगवान् की सत्ता के विषय में प्रश्न करते हैं, संदेह करते हैं. किसी दिन उनके संदेहों का निराकरण हो जायेगा, जब भगवान् की कृपा से उन्हें कोई सच्चा आध्यात्मिक गुरु मिल जायेगा. नास्तिक लोग वे हैं, जिनकी भगवान् की दिशा में यात्रा अभी शुरू ही नहीं हुई है. संदेह तो आस्तिकों के मनों में भी उठते हैं, अत: आस्था रखो, भगवान् में विश्वास करो और अपना कर्तव्य करते रहो.

अध्याय दस का सार-- भगवान् को, परमात्मा को कोई नहीं जान सकता क्योंकि वह सब प्राणियों का मूल है, सब कारणों का कारण है. हर वस्तु-- हमारा शरीर, मन, विचार और भावनाओं सहित-- भगवान् से ही आती है. वह सृष्टा है, पालक है और सबका संहारक है. वह अनन्त है, अनादि है, अविनाशी है. सारा विश्व उसी की ऊर्जा के छोटे से अंश का विस्तार है (गीता 10. 41-42). सभी देवी-देवता उसकी विभिन्न शक्तियों के नाम मात्र हैं. किसी भी नाम, रूप और तरीके के साथ आस्थापूर्वक भगवान् की पूजा करना हमें मनोवांछित फल देता है और हमें अच्छा और शान्त बनने में सहायक होता है.

अध्याय ग्यारह
भगवान् का दर्शन

जय : दादी मां, आपने कहा है, हम भगवान् के बारे में बहुत कम जान सकते हैं. तब क्या भगवान् के दर्शन करना लोगों के लिए सम्भव है?

दादी मां : हां, जय. किन्तु हमारी भौतिक आंखों से नहीं. जिसका प्रकार हमारी दुनिया में हमारे हाथ-पैर हैं, वैसे तो भगवान् के हैं नहीं. किन्तु जब भगवान् हमारी नि:स्वार्थ सेवा-भक्ति से प्रसन्न होते हैं, तो वे हमें स्वप्न में दर्शन दे सकते हैं. वे किसी भी रूप में दिखाई दे सकते हैं या हमारे ईष्टदेव के रूप में.

जय : क्या भगवान् के दर्शन का कोई दूसरा मार्ग भी है?

दादी मां : भगवान् के दर्शन का सर्वश्रेष्ठ मार्ग है-- हर वस्तु में उनकी उपस्थिति का अनुभव करना क्योंकि हर वस्तु भगवान् का ही अंश है. योगी लोग सारे संसार को भगवान् के विस्तार के रूप में देखते हैं. हर चीज़ भगवान् का ही दूसरा रूप है. यह जानकर हम अपने चारों ओर भगवान् के दर्शन कर सकते हैं. सारा विश्व भगवान् है और हम उसके बच्चे हैं, उनके साधन या निमित्त मात्र हैं (गीता 11.33). भगवान्

हमारा उपयोग अपने काम करने के लिए करते हैं. वे हम सब में हैं.

एक कथा है, जो दर्शाती है कि भगवान् हमारे साथ हर समय हैं, किन्तु हम उन्हें अपनी आंखों से नहीं देख सकते. (गीता 11.08)

14. भगवान् तुम्हारे साथ हैं

एक आदमी धूम्रपान करना चाहता था. वह अपने कोयलों को जलाने के लिए पड़ौसी के घर आग लेने गया. यह गहरी रात का समय था. पड़ौसी गृहस्थ सोया हुआ था. लगातार देर तक दस्तक देने पर पड़ौसी अन्त में जागा, नीचे आकर उसने दरवाज़ा खोला.

उस आदमी को देखकर पड़ौसी ने कहा, "नमस्ते, क्या बात है?"

आदमी ने उत्तर दिया, "क्या तुम अनुमान नहीं लगा सकते? तुम तो जानते हो, मुझे धूम्रपान का शौक है. मैं यहां अपने कोयले जलाने के लिए आग लेने आया हूं."

पड़ौसी ने कहा, "हा, हा, हा. क्या ही बढ़िया पड़ौसी हो तुम. तुमने इसी के लिए आधी गहरी रात में यहां आने और इतनी दस्तक देने का कष्ट किया. क्यों? तुम्हारे पास तो पहले ही जलती हुई लालटेन है."

हम जिसकी खोज कर रहे हैं, वह तो हमारे पास ही है, हमारे चारों ओर है. हर चीज़ अलग-अलग रूप में भगवान् हीं हैं. सृष्टि की हर चीज़ उसके विशाल रूप के भीतर है.

भगवान् के दर्शन का दूसरा मार्ग है भक्ति और अच्छे गुणों का विकास करना. भगवान् कृष्ण ने कहा है, यदि हमें मोह, स्वार्थ पूर्ण इच्छाएं, घृणा, दुश्मनी या किसी के प्रति हिंसा का भाव नहीं है, तो हम भगवान् की प्राप्ति और उनके दर्शन कर सकते हैं. (गीता 11.15)

जय : क्या किसी ने कृष्ण को भगवान् के रूप में देखा है?

दादी मां : हां, बहुत से सन्तों ने, ऋषियों ने भगवान् कृष्ण को विभिन्न रूपों में देखा है. माता यशोदा ने कृष्ण का दिव्य रूप देखा. अर्जुन ने भी कृष्ण को भगवान् के रूप में देखना चाहा. चूंकि अर्जुन एक महान् आत्मा और कृष्ण का बहुत प्रिय मित्र था, भगवान् कृष्ण ने उसे अपने दिव्य रूप में दर्शन दिये. जो अर्जुन ने देखा, गीता के ग्यारहवें अध्याय में उसका वर्णन किया गया है. अर्जुन के द्वारा देखे गये भगवान् के दिव्य रूप का संक्षिप्त विवरण इस प्रकार है—

उसने सारे देवी-देवताओं, सन्तों, ऋषियों, भगवान् शिव, ब्रह्मा के साथ समस्त विश्व को कमल-पत्र में बैठे हुए भगवान् कृष्ण के शरीर में देखा. भगवान् के असंख्य हाथ, मुख, पेट, चेहरे और नयन थे. उनके शरीर का न कोई आदि था न अन्त. उनके चारों ओर दिव्य ज्योति थी. अर्जुन ने अपने भाइयों (कौरवों) के साथ अनेक राजाओं, योद्धाओं को भी विनाश के लिए तीव्र गति से भगवान् के भयावह मुख में प्रवेश करते देखा. भगवान् कृष्ण का यह दिव्य रूप देखने में अत्यन्त भयानक था, इसलिए अर्जुन ने भगवान् कृष्ण के दर्शन शीर्ष-मुकुट मण्डित, हाथों में शंख, चक्र, गदा और कमल लिए चतुर्भुज विष्णु के रूप में करना चाहा. भगवान् कृष्ण ने तब अपने चतुर्भुज विष्णु रूप में अर्जुन को अपने दर्शन दिये.

उसके बाद कृष्ण ने भयभीत अर्जुन को अपने सुन्दर मानवीय रूप में दर्शन देकर आश्वस्त किया. उन्हें इस रूप में देखकर अर्जुन पुन: शान्त और सहज हो गया. भगवान् कृष्ण ने कहा है कि वे अपने इस चतुर्भुज रूप में केवल भक्ति द्वारा ही देखे जा सकते हैं. (गीता 11.54)

अध्याय ग्यारह का सार-- हम भगवान् के दर्शन इन मनुष्य-नेत्रों से नहीं कर सकते. हम उनके दर्शन केवल स्वप्न या समाधि में कर सकते हैं. हम उन्हें अपने चारों ओर देख सकते हैं. सारी सृष्टि, सृष्टा के शरीर को छोड़कर और कुछ नहीं है. हम भगवान् के दिव्य रूप के एक अंश और उनके केवल निमित्त (instrument) मात्र हैं.

अध्याय बारह
भक्तियोग

जय : दादी मां, क्या हमें प्रतिदिन पूजा या ध्यान करना चाहिये, या केवल रविवार को ही?

दादी मां : बच्चों को किसी न किसी रूप में प्रतिदिन पूजा, प्रार्थना या ध्यान करना चाहिये. अच्छी आदतों को जल्दी ही बनाना चाहिये.

जय : आपने कहा कि भगवान् निराकार है, पर साकार भी है. तो क्या मुझे भगवान् की पूजा राम, कृष्ण, दुर्गा, शिव के रूप में करनी चाहिये या उनके निराकार रूप की?

दादी मां : अर्जुन ने यही प्रश्न गीता में भगवान् कृष्ण से किया है (गीता 12.01). कृष्ण ने अर्जुन से कहा कि भगवान् के साकार रूप की पूजा निष्ठा के साथ करना अधिकांश लोगों के लिए-- विशेषकर उनके लिए जिन्होंने भक्ति-मार्ग पर

अभी पैर ही रखा है-- सुगम और बेहतर है. किन्तु एक सच्चे भक्त की आस्था भगवान् के निराकार रूप में भी और उनके राम, कृष्ण, हनुमान, शिव, मां काली, दुर्गा आदि साकार रूप में भी होती है.

जय : दादी मां, मुझे पूजा किस प्रकार करनी चाहिये?

दादी मां : स्कूल जाने से पहले पूजा या ध्यान-कक्ष में जाकर पूजा करो. सीधे बैठो, अपनी आंखें बन्द करो, कुछ सांस धीरे से और गहरे लो. अपने ईष्टदेव का स्मरण करो और उनसे आशीर्वाद मांगो. आंखें बन्द करके अपने ईष्टदेव पर मन को केन्द्रित करना ध्यान योग कहलाता है. तुम मन-मन में दोहराते हुए ओम, राम- राम- राम- राम आदि मंत्र का जाप भी कर सकते हो.

जय : जब मैं ध्यानमग्न होने का प्रयल करता हूं, तो मैं मन को लगा ही नहीं पाता, दादी मां. मेरा मन सब जगह भागने लगता है. मुझे क्या करना चाहिये?

दादी मां : चिन्ता मत करो. यह तो बड़ों-बड़ों के साथ भी होता है. बार-बार मन लगाने की, केन्द्रित करने की कोशिश करो. अभ्यास से तुम अपने मन को अच्छी प्रकार केन्द्रित करने में सफल हो जाओगे, न केवल भगवान् में, बल्कि अपनी पढ़ाई के विषयों में भी. यह तुम्हें स्कूल में अच्छे मार्क पाने में सहायक होगा. तुम प्रेमसहित अपने ईष्टदेव को फल-फूल आदि अर्पित करके भी भगवान् की प्रार्थना-पूजा कर सकते हो और हां, अपनी पढ़ाई शुरू करने से पहले भगवान् गणेश, हनुमान अथवा मां सरस्वती आदि ज्ञान के देवी-देवता का भी स्मरण करो. स्वार्थी न बनो. परिश्रम करो. और बुरे परिणाम के आने पर दुःखी न होकर अपने काम के फल को स्वीकार करो. अपनी असफलताओं से सीखने का प्रयल करो. कभी हार न मानो और अपने में निरन्तर सुधार करते रहो.

जय : बस इतना सब ही मुझे करना है, दादी मां? क्या भगवान् ने और भी कुछ कहा है?

दादी मां : तुम्हें अच्छी आदतें भी डालनी चाहिये. जैसे मां-बाप की आज्ञाओं का पालन, ज़रूरत पड़ने पर दूसरों की सहायता करना, किसी को दुःख न पहुंचाना, सबके साथ मित्रता का व्यवहार करना, किसी को गलती से दुःख पहुंचाने पर खेद प्रकट करना अथवा क्षमा मांगना, मन को शान्त रखना, उनके प्रति आभारी (grateful) होना जिन्होंने तुम्हारी सहायता की है. ऐसे ही लोगों को भक्त कहा गया है

(गीता 12.13-19). यदि तुममें इन अच्छी आदतों में से किसी की कमी है तो उसे अपनाने की कोशिश करो. (गीता 12.20)

जय : क्या बच्चे के लिए भक्त होना सम्भव है?

दादी मां : मैंने तुम्हें पहले ही ध्रुव की कहानी सुनाई है. अब मैं तुम्हें एक और भक्त की कहानी सुनाऊंगी. उसका नाम प्रल्लाद था.

15. भक्त प्रल्लाद की कथा

हिरण्यकश्यप दानवों का एक राजा था. उसने भयंकर तपस्या की थी. ब्रस्मा देवता ने उसे प्रसन्न होकर एक वरदान दिया था कि उसे न मनुष्य मार सकेगा, न पशु. वरदान पाकर वह बहुत घमण्डी हो गया. उसने तीनों लोकों में आतंक फैला दिया. उसने घोषणा करा दी कि उसको छोड़कर अेर कोई ईश्वर नहीं है और हर एक को उसी की पूजा करनी पड़ेगी.

उसका प्रल्लाद नाम का एक बेटा था. वह एक धार्मिक बच्चा था, जो भगवान् विष्णु की उपासना करता था. इससे उसके पिता को बहुत क्रोध आता था. वह बेटे प्रल्लाद के मन से भगवान् विष्णु का ध्यान पूरी तरह निकाल देना चाहता था. इसलिए उसने प्रल्लाद को एक सख्त अध्यापक को सौंप दिया, जो उसे केवल हिरण्यकश्यप की पूजा करने का शिक्षा दे, विष्णु की पूजा का नहीं.

प्रल्लाद ने न केवल शिक्षक की बातों को सुनने से इन्कार कर दिया, बल्कि वह दूसरे बच्चों को भी विष्णु की पूजा करने की शिक्षा देने लगा. इससे शिक्षक को बहुत क्रोध आया और उसने राजा से इसकी शिकायत की.

राजा अपने बेटे के कमरे में धड़धड़ाता हुआ आया. वह चिल्लाया, "मैंने सुना है, तुम विष्णु की पूजा करते हो."

प्रल्लाद ने कांपते हुए धीरे से कहा, "हां पिताजी, मैं विष्णु की पूजा करता हूं."

"वचन दो कि तुम आगे ऐसा नहीं करोगे," राजा ने मांग की.

"मैं वचन नहीं दे सकता," प्रल्लाद ने तुरन्त उत्तर दिया.

"तब तो मुझे तुम्हें मरवाना पड़ेगा," राजा चीखा.

"ऐसा तब तक नहीं होगा, जब तक भगवान् विष्णु की इच्छा नहीं होगी," बालक ने उत्तर दिया.

राजा ने प्रल्लाद का मन बदलने की पूरी कोशिश की, परन्तु वह ऐसा करने में हर प्रकार असफल रहा.

तब राजा ने अपने रक्षकों को प्रह्लाद को महासागर में फेंकने का आदेश दिया. उसे आशा थी कि ऐसा करने से प्रह्लाद डरकर फिर कभी विष्णु की उपासना न करने का वचन देगा. किन्तु प्रह्लाद विष्णु के प्रति निष्ठ रहा और अपने हृदय में प्रेम और भक्ति से विष्णु की प्रार्थना करता रहा. रक्षकों ने उसे भारी शिला से बांधकर महासागर में फेंक दिया. भगवान् की कृपा से शिला अलग जाकर गिर पड़ी और प्रह्लाद सुरक्षित जल की सतह पर तैरता रहा. उसे सागर-तट पर भगवान् विष्णु को देखकर बहुत आश्चर्य हुआ.

भगवान् विष्णु ने मुस्कुराते हुए उससे कहा, "जिस चीज़ की भी इच्छा हो, मुझसे मांग लो."

प्रह्लाद ने उत्तर दिया, "मैं राज्य, धन, स्वर्ग या दीर्घ जीवन नहीं चाहता. मैं केवल इतनी शक्ति चाहता हूं कि हमेशा तुम्हें प्यार करता रहूं और मेरा मन कभी भी तुमसे अलग न हो."

भगवान् विष्णु ने प्रह्लाद की इच्छा पूरी की.

जब प्रह्लाद अपने पिता के महल में वापिस आया, तो राजा उसे जीवित देखकर अवाक् रह गया.

"तुम्हें सागर से बाहर निकालकर कौन लाया?" राजा ने पूछा.

"भगवान् विष्णु," बालक ने सहज भाव से कहा.

"मेरे सामने उसका नाम न लो," हिरण्यकश्यप चिल्लाया. "कहां है तुम्हारा भगवान् विष्णु? उसे मुझे दिखाओ." उसने चुनौती दी.

"वह तो सब जगह है," बालक ने उत्तर दिया.

"क्या इस खम्भे में भी है?" राजा ने पूछा.

"हां, इस खम्भे में भी," प्रह्लाद ने पूरे विश्वास से उत्तर दिया.

"तो वह मेरे सामने जिस भी रूप में वह प्रकट होना चाहे, आये," हिरण्यकश्यप चिल्लाया और उसने लोहे की गदा से खम्भे को तोड़ दिया.

तभी खम्भे से नृसिंह नाम का जीव कूदकर बाहर निकला. वह आधा पुरुष था और आधा सिंह. हिरण्यकश्यप उसके सामने वेबस खड़ा रहा. उसने भयभीत होकर सहायता के लिए पुकार की, किन्तु कोई उसकी सहायता के लिए नहीं आया.

नृसिंह ने हिरण्यकश्यप को उठाया और अपनी गोद में रखा. वहां उसने हिरण्यकश्यप के शरीर पर जोर से प्रहार किया और चीर डाला. इस प्रकार हिरण्यकश्यप अपनी मृत्यु को प्राप्त हुआ.

भगवान् ने प्रह्लाद को प्रभु में गहन विश्वास रखने के लिए आशीर्वाद दिया. हिरण्यकश्यप की मृत्यु के बाद दानवों का दमन हुआ और देवताओं ने पुन: दानवों से पृथिवी छीनकर उस पर अधिकार कर लिया. आज तक प्रह्लाद का नाम महान् भक्तों में गिना जाता है.

अध्याय बारह का सार-- भगवान् के प्रति भक्ति के मार्ग पर चलना अत्यन्त सरल है. इस मार्ग के अंश हैं : देवी-देवता की दैनिक उपासना, भगवान् को फल-फूल अर्पित करना, भगवान् की महिमा की कीर्ति में भजन गाना और कुछ अच्छी आदतें डालना.

अध्याय तेरह
सृष्टि और सृष्टा

जय : दादी मां, मैं खा सकता हूं, सो सकता हूं, सोच सकता हूं, बात कर सकता हूं, चल सकता हूं, दौड़ सकता हूं, काम कर सकता हूं और पढ़ सकता हूं. मेरे शरीर को यह सब करने का ज्ञान कहां से, कैसे आता है?

दादी मां : हमारे शरीर सहित सारा विश्व पांच मूल तत्त्वों से बना है. वे तत्त्व हैं-- पृथिवी, जल, अग्नि, वायु और आकाश. आकाश अदृश्य तत्त्व है. हमारी ग्यारह इन्दियां हैं. पांच ज्ञानेन्दियां (नाक, जीभ, आंख, त्वचा और कान), पांच कर्मे-न्दियां (मुख, हाथ, पैर, गुदा और मूत्रेन्दिय) तथा मन. नाक से हम सूंघते हैं, जीभ से स्वाद चखते हैं, आंखों से देखते हैं, त्वचा से स्पर्श का अनुभव करते हैं और कानों से सुनते हैं. हमारी अनुभूति की भी एक इन्दिय है जिससे हम सुख-दु:ख का अनुभव करते हैं. ये सारी इन्दियां हमारे शरीर को वह सब देती हैं, जो शरीर को काम करने के लिए चाहिये (गीता 13.05-06). हमारे भीतर की आत्मा को प्राण भी कहा जाता है. वह शरीर को सब काम करने की शक्ति देता है. जब प्राण शरीर को छोड़ देते हैं, तो हम मर जाते हैं.

जय : आपने कहा है कि भगवान् विश्व के सृष्टा हैं. हमें कैसे मालूम है कि कोई सृष्टा या भगवान् हैं?

दादी मां : किसी भी सृष्टि के पीछे कोई सृष्टा तो होगा ही, जय. जो कार हम चलाते हैं और जिस घर में हम रहते हैं, उनके किसी व्यक्ति या शक्ति ने तो बनाया ही है. किसी

व्यक्ति या शक्ति ने सूर्य, पृथिवी, चन्द्रमा और तारों को बनाया है. हम उस व्यक्ति या शक्ति को भगवान् या विश्व का सृष्टा कहते हैं.

जय : यदि हर वस्तु का कोई सृष्टा है, तो भगवान् को किसने बनाया?

दादी मां : यह तो बहुत अच्छा प्रश्न है जय, पर इसका कोई उत्तर नहीं. परमात्मा हमेशा थे और हमेशा रहेंगे. भगवान् सब वस्तुओं का मूल (जड़) है, पर भगवान् का कोई मूल नहीं. प्रभु सब वस्तुओं के जड़ हैं, पर उनकी कोई जड़ नहीं.

जय : तब भगवान् का स्वरूप कैसा है, दादी मां? क्या आप उनका वर्णन कर सकती हैं?

दादी मां : भगवान् का यथार्थ वर्णन तो असम्भव है. परमात्मा का वर्णन केवल दृष्टान्त-कथाओं द्वारा ही किया जा सकता है-- अन्य किसी प्रकार नहीं. उनके हाथ, पैर, आंखें, शीश, मुख और कान सभी जगह हैं. वे बिना किसी भौतिक इन्द्रियों के देख सकते हैं, अनुभव कर सकते हैं और आनन्द कर सकते हैं. उनका शरीर हमारे शरीर जैसा नहीं है. उनका शरीर, उनकी इन्द्रियां इस लोक से परे हैं. वे बिना पैर के चलते हैं, बिना कानों के सुनते हैं, वे सब काम बिना हाथों के करते हैं, बिना नाक से सूंघते हैं, बिना आंखों के देखते हैं, बिना मुख के बोलते हैं, बिना जीभ के सब स्वादों का आनन्द लेते हैं. उनके इन्द्रियां और कर्म अलौकिक हैं. उनकी महिमा वर्णन से परे है. परमात्मा हर जगह, हर समय विद्यमान हैं, अत: वे हमारे बहुत पास हैं, हमारे हृदय में रहते हैं, और दूर भी-- अपने परम धाम में. वे सृष्टा रूप में ब्रह्मा हैं, पोषक रूप में विष्णु हैं और विनाशक रूप में महेश हैं. एक में ही सब. (गीता 13.13-16)

इस बात को बताने के लिए कि भगवान् का वर्णन कोई भी क्यों नहीं कर सकता (गीता 13.12-18) नमक की गुड़िया की कथा सर्वश्रेष्ठ तरीका है.

16. नमक की गुड़िया

एक बार नमक की एक गुड़िया समुद्र की गहराई नापने गई ताकि वह दूसरों को बता सके कि समुद्र कितना गहरा है. किन्तु हर बार जब वह पानी में गई, वह पिघल गई. तो कोई भी सूचित न कर सका कि समुद्र की गहराई कितनी है. तो इसी प्रकार किसी के लिए भी भगवान् का वर्णन करना असम्भव है, जब भी हम प्रयल करते हैं, हम उनके यथार्थ के रहस्यमय महान् महासागर में घुल जाते हैं.

हम ब्रह्म का वर्णन नहीं कर सकते. समाधि में हम ब्रह्म को जान सकते हैं, किन्तु समाधि में तर्क-शक्ति और बुद्धि पूरी तरह लोप हो जाती है. इसका अर्थ है कि समाधि में हुए अनुभव का स्मरण व्यक्ति नहीं रख पाता. जो ब्रह्म को जानता है, वह ब्रह्म जैसा ही हो जाता है (गीता 18.55). वह बोलता नहीं है, वैसे ही जैसे नमक की गुड़िया महासागर में घुल जाती है और वह महासागर की गहराई की जानकारी नहीं दे सकती. जो परमात्मा के बारे में बातें करते हैं, उन्हें परमात्मा के विषय में कोई वास्तविक अनुभव नहीं होता. ब्रह्म की केवल अनुभूति ही हो सकती है, उन्हें केवल महसूस ही किया जा सकता है.

जय : फिर हम भगवान् को कैसे जान सकते हैं, कैसे समझ सकते हैं?

दादी मां : मन और बुद्धि से तुम भगवान् को नहीं जान सकते. वे केवल आस्था और विश्वास से जाने जा सकते हैं. वे आत्म-ज्ञान के द्वारा भी जाने जा सकते हैं. एक ही और वही परमात्मा सब जीवों में आत्मा के रूप में रहते हैं और हमारा पोषण करते हैं. इसीलिये हमें किसी को दु:ख नहीं पहुंचाना चाहिये और सबके साथ समान व्यवहार करना चाहिये (गीता 13.28). दूसरों को दु:ख पहुंचाना, अपनी ही आत्मा को दुखाना है. शरीर के भीतर आत्मा गवाह है, मार्ग दर्शक है, सहायक है, भोक्ता है और सब घटनाओं का नियन्ता (controller) भी है. (गीता 13.22)

जय : ब्रह्म (या सृष्टा) और उसकी सृष्टि में क्या अन्तर है?

दादी मां : अद्वैत दर्शन के अनुसार तो उन दोनों में कोई अन्तर नहीं. सृष्टा और सृष्टि के बीच का अन्तर वैसा ही है जैसा सूर्य और उसकी किरणों के बीच का अन्तर. जिन्हें आत्म-ज्ञान है, वे ही सत्य रूप में सृष्टा और सृष्टि के बीच का अन्तर समझ सकते हैं और वे ब्रह्म-ज्ञानी हो जाते हैं (गीता 13.34) सारा विश्व भगवान् का ही विस्तार है और सब कुछ उसके अतिरिक्त कुछ नहीं है. परमात्मा ही सृष्टा और सृष्टि है, पोषक और पोषित है, मारने और मरने वाला है. वह हम में है, हमारे बाहर है, पास है, दूर है और सब जगह तथा सबमें है.

यदि भगवान् का आशीर्वाद तुम्हें मिलता है, तो वे तुम्हें ज्ञान देंगे कि तुम वास्तव में कौन हो और तुम्हारी वास्तविक प्रकृति क्या है.

एक कथा है जो बताती है कि परमात्मा या आत्मा कैसे जीव बन जाता है, अपनी वास्तविक प्रकृति भूल जाता है और अपनी वास्तविक प्रकृति को खोजने का प्रयत्न करता है. (गीता 13.21)

17. शाकाहारी बाघ

एक बार एक बाघिन ने भेड़ों के एक झुण्ड पर आक्रमण किया. बाघिन गर्भवती थी और कमज़ोर थी. जैसे ही वह अपने शिकार पर झपटी, उसने एक शिशु बाघ को जन्म दिया. जन्म देने के दो घण्टे बाद ही वह मर गई. शिशु बाघ मेमनों की संगति में बड़ा हुआ. मेमने घास खाते थे, इसलिए शिशु बाघ भी उनका अनुसरण करने लगा. जब मेमनों ने शोर किया, आवाज़ें निकालीं, तो शिशु बाघ भी भेड़ों की तरह ही आवाज़ करने लगा. धीरे-धीरे वह एक बड़ा बाघ हो गया. एक दिन एक दूसरे बाघ ने भेड़ों के उस झुण्ड पर आक्रमण किया. उस बाघ को भेड़ों के झुण्ड में घास खाने वाले एक बाघ को देखकर बड़ा आश्चर्य हुआ. जंगली बाघ उसके पीछे भागा और अन्त में उस बाघ के बच्चे को पकड़ ही लिया और घास खाने वाले बाघ के बच्चे ने एक मेमने की तरह आवाज़ निकाली.

जंगली बाघ उसे घसीटकर पानी के समीप ले गया और उससे बोला, "पानी में अपना चेहरा देखो. वह मेरे चेहरे जैसा है. यहां मांस का एक टुकड़ा है. इसे खाओ."

ऐसा कहकर जंगली बाघ ने शाकाहारी बाघ के मुंह में मांस का टुकड़ा रख दिया. किन्तु शाकाहारी बाघ उसे खा नहीं रहा था और वह फिर भेड़ की तरह की आवाज़ करने लगा. किन्तु धीरे-धीरे उसे खून के स्वाद का चस्का लग गया और उसे मांस पसन्द आने लगा.

तब जंगली बाघ ने कहा, "अब तो तुम जान गये कि तुममें और मुझमें कोई भेद नहीं है. आओ और मेरे साथ वन में चलो."

जन्म-जन्मान्तर से हम सोचते रहे हैं कि हम शरीर हैं, जो देश-काल की सीमा में बन्धे हैं. किन्तु हम यह शरीर नहीं हैं. हम इस शरीर में रहनेवाली सर्वशक्तिमान् आत्मा का एक अंश हैं.

अध्याय तेरह का सार-- हमारा शरीर एक लघु विश्व की भांति है. यह पांच मूल तत्त्वों से बना है और आत्मा से शक्ति पाता है. हर सृष्टि के पीछे एक सृष्टा या शक्ति का होना अनिवार्य है. हम उस शक्ति को भिन्न-भिन्न नामों से पुकारते हैं जैसे-- कृष्ण, शिव, माता, पिता, ईश्वर, अल्लाह, गांड आदि. परमात्मा का वर्णन मन और बुद्धि द्वारा नहीं किया जा सकता, न मन और बुद्धि द्वारा परमात्मा को जाना या समझा जा सकता है. सृष्टा स्वयं सृष्टि बन गया है, वैसे ही जैसे कपास धागा, कपड़ा और वस्त्र बन गया है.

अध्याय चौदह
प्रकृति के तीन गुण

जय : दादी मां, कभी-कभी तो मुझे बहुत आलस आता है और कभी मैं बहुत सक्रिय (गतिशील, active) हो जाता हूं. ऐसा क्यों है?

दादी मां : हम सभी कार्य करने के लिए अलग-अलग अवस्थाओं से गुज़रते हैं. ये अवस्थाएं अथवा गुण तीन प्रकार के हैं. सतोगुण--जो अच्छी अवस्था है, रजोगुण--तीव्र कामना की अवस्था और तमोगुण--अज्ञान की अवस्था है. हम इन तीनों गुणों के प्रभाव में आते रहते हैं. कभी-कभी एक गुण दूसरे दो गुणों से अधिक शक्तिशाली हो जाता है.

सतोगुण तुम्हें शान्त और सुखी बनाता है. इस अवस्था में तुम धर्म-शास्त्रों का अध्ययन करोगे, किसी को हानि नहीं पहुंचाओगे, दुःख नहीं पहुंचाओगे और ईमानदारी से काम करोगे. जब तुम रजोगुण के प्रभाव में होते हो, तो धन और सत्ता के लोभी बन जाते हो. तुम भौतिक सुखों को भोगने के लिए परिश्रम करोगे और अपनी स्वार्थपूर्ण कामनाओं की पूर्ति के लिए सब कुछ करोगे. किन्तु जब तुम पर तमो गुण का प्रभाव होता है, तो तुम अच्छे-बुरे कर्म में अन्तर नहीं कर सकते और तुम पाप कर्म करोगे. तुम आलसी और लापरवाह बन जाते हो, तुममें विवेक शक्ति (बुद्धि) का अभाव होता है और आध्यात्मिक ज्ञान में कोई रुचि नहीं रहती (गीता 14.05-09)

जय : क्या प्रकृति के ये तीन गुण हमें अपने नियंत्रण में रखते हैं, दादी मां? या हमारा अपने कर्मों पर नियंत्रण रहता है.

दादी मां : वास्तव में, यही तीन गुण सब कर्मों के कर्त्ता हैं (गीता 3.27). जब हम सतोगुण के प्रभाव में होते हैं, तो हम अच्छे और सही कर्म करते हैं. रजो गुण के प्रभाव में हम स्वार्थपूर्ण कर्म करते हैं और तमो गुण के प्रभाव में बुरे कर्म करते हैं और आलसी हो जाते हैं (गीता 14.11-13). निर्वाण या मोक्ष पाने के लिए हमें तीनों गुणों से ऊपर उठना पड़ेगा. (गीता 14.20)

जय : जब हम इन तीन गुणों से ऊपर उठ जाते हैं, तो हम कैसे होते हैं?

दादी मां : जब हम इन तीन गुणों से ऊपर उठ जाते हैं, तो हमें दुःख-सुख प्रभावित नहीं करते, न ही सफलता और असफलता और हम सभी को अपने समान समझते हैं. इस प्रकार का व्यक्ति परमात्मा को छोड़कर और किसी पर निर्भर नहीं रहता.

जय : इन तीन गुणों से ऊपर उठना तो बहुत कठिन होगा. मैं इन तीन गुणों से ऊपर कैसे उठ सकता हूं, दादी मां?

दादी मां : इन तीन गुणों से ऊपर उठना बहुत आसान नहीं है. किन्तु कुछ प्रयल करने पर ऐसा करना सम्भव है. यदि तुम तमो गुण के प्रभाव में हो, तो तुम्हें आलस छोड़ना होगा, जो तुम्हें करना है, उसे टालना बन्द करना होगा और दूसरों की सहायता करना शुरू करना होगा. यदि तुम रजो गुण के प्रभाव में हो, तो तुम्हें स्वार्थ भाव का, लोभ का त्याग करना होगा और दूसरों की सहायता करनी होगी. ऐसा करने से तुम सतोगुण के प्रभाव में आ जाओगे. सतोगुण को प्राप्त कर तुम प्रभु की भक्ति से तीन गुणों से ऊपर उठ सकोगे. भगवान् कृष्ण ने कहा है, "जो मेरी सेवा और भक्ति प्रेम से करता है, वह तीन गुणों से ऊपर उठ जाता है और गुणातीत होकर ब्रह्म-ज्ञान पाने के योग्य हो जाता है. (गीता 14.26)

तीन गुणों के विषय में एक कथा इस प्रकार है--

18. आध्यात्मिक राह के तीन लुटेरे

एक बार एक आदमी एक वन से होकर जा रहा था. तीन लुटेरों ने उस पर आक्रमण करके उसे लूट लिया.

लूटने पर उन लुटेरों में से एक ने कहा, "इस आदमी को जीवित रखने से क्या लाभ है?"

लुटेरे ने उस आदमी को मारने के लिए अपनी तलवार उठाई ही थी कि इतने में दूसरे लुटेरे ने उसे रोक दिया और कहा, "इसे मारने से भी क्या लाभ है? इसे पेड़ से बांधकर यहीं छोड़ दो."

लुटेरे उसे पेड़ से बांधकर चलते बने.

कुछ देर में तीसरा लुटेरा वापिस आया. उसने आदमी से कहा, "मुझे खेद है. तुम्हें कष्ट तो नहीं पहुंचा? मैं तुम्हें खोल देता हूं."

आदमी को आज़ाद करके लुटेरे ने कहा, "आओ मेरे साथ चलो. मैं तुम्हें सड़क तक पहुंचा देता हूं."

काफ़ी देर चलकर वे सड़क पर पहुंचे.

तब उस आदमी ने कहा, "श्रीमन, आप मेरे प्रति बहुत भले रहे हो. मेरे साथ मेरे घर चलो."

"नहीं भाई, नहीं," लुटेरे ने उत्तर दिया. "मैं वहां नहीं जाऊंगा. पुलिस को पता लग जायेगा."

यह संसार वन है. तीन लुटेरे तीन गुण हैं-- सत्त्व, रजस् और तमस् (या सतो रजो और तमो गुण). ये ही हैं जो हमें हमारे आत्म-ज्ञान से वंचित करते, लूटते हैं. आलस हमें नष्ट करना चाहता है. कामना हमें संसार से बांध देती है. सतोगुण हमें काम और आलस के बंधन से मुक्त करता है. सतो गुण के बढ़ने पर हम काम, क्रोध, लोभ और आलस से मुक्ति पाते हैं. वह हमें संसार के बन्धन से भी राहत दिलाता है, बंधन को ढीला करता है. किन्तु सतोगुण भी एक लुटेरा ही है. यह हमें परमात्मा का शुद्ध ज्ञान नहीं दे सकता. यह हमें केवल परमात्मा के परमधाम का मार्ग (सड़क) दिखा सकता है. मार्ग पर हमारे साथ चलकर हमें घर तक नहीं पहुंचा सकता. हमें ही तीन गुणों से ऊपर उठकर प्रभु के प्रति प्रेम बढ़ाकर अपना घर (परमधाम) पहुंचना होगा.

अध्याय चौदह का सार-- प्रकृति मां हमारे माध्यम से अपने काम कराने के लिए हमें तीन (सतो, रजो, और तमो) गुण रूपी रस्सी से बांध देती है. वास्तव में तो सारा कर्म प्रकृति के इन तीन गुणों द्वारा ही किया जाता है. हम कर्ता नहीं हैं, किन्तु हम अपने कर्मों के प्रति उत्तरदायी हैं क्योंकि हमें बुद्धि मिली है, और अच्छे-बुरे कर्मों का निर्णय करने और चुनने के लिए स्वतंत्र इच्छा-शक्ति भी मिली है. तुम सच्चे प्रयल और परमात्मा की भक्ति व उनकी कृपा से तीन गुणों के प्रभाव से बच सकते हो.

अध्याय पन्द्रह
परमपुरुष (पुरुषोत्तम या परमात्मा)

जय : दादी मां, मैं परमात्मा, आत्मा, दिव्यात्मा और जीव के अन्तर के बारे में बहुत भ्रमित हूं. क्या आप मुझे फिर से समझायेंगी?

दादी मां : ज़रूर जय, ये शब्द हैं, जिनका अर्थ तुम्हें भली-भांति समझ लेना चाहिये.

परमात्मा को परमपुरुष, परमपिता, माता, ईश्वर, अल्लाह, परमसत्य और कई अनेक नामों से भी पुकारा जाता है. वही परब्रह्म, परमात्मा, शिव, परमशिव और कृष्ण है. परमात्मा ही सब चीज़ों का स्रोत अथवा मूल है. परमात्मा से ऊपर कुछ भी नहीं है.

ब्रस्म अथवा आत्मा परमात्मा का ही एक अंश है. यह समस्त विश्व परमात्मा का ही विस्तार है और उसीसे पोषित भी है.

दिव्यात्माएं-- देवी-देवता, जैसे ब्रस्मा, विष्णु, शंकर तथा अन्य सब-- ब्रस्म के ही विस्तार हैं.

समस्त **जीव** (या प्राणी, जीवात्माएं) जैसे हम सब दिव्यात्माओं का विस्तार हैं.

परमात्मा और ब्रस्म अपना रूप नहीं बदलते हैं और वे अमर हैं, शाश्वत हैं (सदा रहने वाले हैं). दिव्यात्माओं की उत्पत्ति ब्रस्म से होती है और उनका जीवन-काल बहुत लम्बा है, जबकि जीवों का जीवन-काल बहुत सीमित है.

यदि तुम सृष्टि की तुलना एक पेड़ से करो, तो परमप्रभु कृष्ण (परमात्मा) पेड़ की जड़ हैं, मूल हैं. आत्मा अथवा ब्रस्म (या ब्रस्मन्) पेड़ का तना है. विश्व उस पेड़ की शाखाएं हैं, पावन धर्म-ग्रन्थ-- वेद, उपनिषद, गीता, धम्मपद, टोराह, बाइबिल, कुरआन आदि उसकी पत्तियां हैं और जीव (हम सब जीवित प्राणी) उस पेड़ के फल-फूल. देखा तुमने कि कैसे हर चीज़ परमात्मा से जुड़ी हुई है और उन्हीं का एक अंश है.

ऐसे समझो-- परमात्मा (या परब्रस्म) से ब्रस्म (या आत्मा) निकली, आत्मा से दिव्यात्माएं निकलीं जिनसे बना सारा संसार और हम सब प्राणी, पेड़-पौधे आदि.

जय : और नक्षत्र, सूर्य, चन्द्रमा व तारे?

दादी मां : समस्त संसार, जो दिखाई देता है, सूर्य, चन्द्रमा, पृथिवी, अन्य नक्षत्र और अन्तरिक्ष ब्रस्मा की सृष्टि हैं, भगवान् विष्णु द्वारा पालित-पोषित हैं और शिव या शंकर द्वारा उनका विनाश किया जाता है. याद रखो, ब्रस्मा, विष्णु और शंकर आदि, ब्रस्म की शक्ति का एक अंश के ही नाम हैं. सूर्य की प्रकाश-शक्ति भी ब्रस्म से आती है और ब्रस्म, परमात्मा या भगवान् (कृष्ण) का एक अंश है. ऋषि-मुनि हमें बताते हैं कि सब वस्तुएं भगवान् कृष्ण (परमात्मा) के दूसरे रूप को छोड़कर और कुछ भी नहीं हैं. कृष्ण ही सब चीज़ों के भीतर और बाहर हैं. वास्तव में वे ही हर चीज़ का रूप धारण करते हैं. एक परमात्मा ही सब कुछ बन जाता है. जब आवश्यकता होती है, तो वे ही पृथिवी पर धर्म की स्थापना करने के लिए मनुष्य रूप में भी अवतरित होते हैं. (गीता 4.07-08)

लगभग 5,100 वर्ष पहले परमात्मा ने किस प्रकार कृष्ण के रूप में अवतार लिया, उसकी कथा इस प्रकार है--

19. बालकृष्ण की कथा

बालक कृष्ण का बलराम नाम का एक सौतेला बड़ा भाई था. वे दोनों साथ-साथ गोकुल गांव में खेलते थे. कृष्ण की जन्मदायिनी मां का नाम देवकी था. उसके पिता का नाम वसुदेव था. इसलिए कृष्ण को वासुदेव भी कहा जाता है. कृष्ण ने अपने बचपन के दस वर्ष माता यशोदा की देखरेख में बिताये. बलराम और कृष्ण दोनों ही गांव की गोपियों को प्रिय थे. उनकी माताएं यशोदा और रोहिणी (बलराम की मां) उन्हें गर्व सहित प्यार करती थीं और उन्हें भव्य रंगों के वस्त्राभूषण पहनाती थीं. कृष्ण को पीले वस्त्रों में और उसके बालों में मोर मुकुट पहनाकर सजाती थीं और बलराम को नीले वर्ण में. दोनों बालक जगह-जगह जाते और जहां जाते, वहीं मित्र बना लेते. अधिकांश समय वे किसी न किसी मुसीबत में फंस जाते.

एक दिन वे दूसरे गांव के कुछ बच्चों के साथ खेल रहे थे. धरती खोदकर, माटी की रोटियां बनाकर, गंदे होकर. कुछ देर के बाद बड़े लड़कों में से एक मां यशोदा के पास भागा-भागा आया और उसने कहा, "कृष्ण बहुत बुरा काम कर रहा है. वह माटी खा रहा है. यशोदा को अपने छोटे बालक पर गुस्सा आया. उसे और शिकायतें भी सुनने को मिल रही थीं गांव वालों से कि कृष्ण उनके घरों से मक्खन चुराता रहा है.

वह अपने घर से बाहर निकली. उसने क्रोध में भरकर कृष्ण से पूछा, "कृष्ण, क्या तूने मिट्टी खाई है? मैंने तुम्हें कितनी बार मुंह में चीज़ें न डालने को कहा है."

कृष्ण नहीं चाहता था कि उसे दण्ड मिले. इसलिए उसने यशोदा के साथ एक चालाकी की. उसने अपना मुंह पूरी तरह खोलकर कहा, "देखो मां, मैं कुछ भी नहीं खा रहा था. ये लड़के तो बस मुझे संकट में डालने के लिए झूठ बोल रहे हैं."

यशोदा ने कृष्ण के मुंह में भीतर देखा. वहां नन्हे बालक के मुंह में उसने सारा विश्व देखा-- पृथिवी और नक्षत्र, विशाल शून्य-स्थल, सारा सौर मण्डल और आकाशगंगा, पर्वत, सागर, सूर्य व चन्द्रमा. सभी कुछ कृष्ण के मुंह में था. उसने जान लिया कि कृष्ण तो भगवान् विष्णु का अवतार है. वह पूजा करने के लिए उसके पैरों में गिरने को हुई.

किन्तु कृष्ण नहीं चाहता था कि वह उसकी पूजा करे. वह तो बस यही चाहता था कि यशोदा उसे प्यार करे, वैसे

ही जैसे मां अपने बच्चों से करती हैं. दानवों से लड़ने के लिए वह किसी भी रूप में धरती पर अवतार ले सकता था किन्तु उसने तो ऐसे मां-बाप के छोटे बालक के रूप में आना पसन्द किया जिन्होंने भगवान् को अपने बालक के रूप में पाने के लिए घोर तपस्या की थी. बालक कृष्ण ने अनुभव किया कि उसकी चालाकी बहुत बड़ी गलती थी.

तुरन्त ही उसने यशोदा को अपनी माया की शक्ति में बांध लिया. अगले ही क्षण यशोदा कृष्ण को अपने बेटे की भांति गोद में लिये हुए थी. उसे बिल्कुल भी याद नहीं रहा कि उसने क्षण भर पहले कृष्ण के मुंह में क्या देखा था.

जब तुम्हें समय मिले तो तुम्हें ग्रामीण वासियों के साथ कृष्ण के मायावी खेलों की दिलचस्प कथाओं को पढ़ना चाहिये.

समय-समय पर भगवान् हमें शिक्षा देने के लिए शिक्षक या सन्त के रूप में भी आते हैं. ऐसे ही एक सन्त की कथा सुनो.

20. श्री रामकृष्ण की कथा

भगवान् रामकृष्ण के रूप में इस पृथिवी पर 18 फरवरी 1836 में पश्चिमी बंगाल राज्य के कमरपुकुर गांव में अवतरित हुए. अधिकांश कथाएं जो मैंने तुम्हें सुनाई हैं, वे उनकी पुस्तक "श्री रामकृष्ण की कहानियां और दृष्टान्त कथाएं" से हैं. स्वामी विवेकानन्द उनके सबसे प्रसिद्ध शिष्यों में थे. स्वामी विवेकानन्द 1893 में अमेरिका में आने वाले पहले हिन्दू सन्त थे. उन्होंने न्यूयार्क में वेदान्त सोसायटी की स्थापना की. रामकृष्ण बहुत सादा जीवन जीते थे. वे अपने भोजन और दैनिक जीवन की अन्य दैनिक आवश्यकताओं के लिए भगवान् पर निर्भर रहते थे. वे पैसे स्वीकार नहीं करते थे. उनकी शादी मां शारदा से हुई. वे शारदा मां के साथ अपनी मां जैसा व्यवहार करते थे. उनके कोई बच्चा न था. शारदा मां अपने शिष्यों से कहा करती थीं, "यदि तुम मन की शान्ति चाहते हो, तो दूसरों के दोषों को मत देखो, अपने दोषों को देखो. दुनिया में कोई भी पराया नहीं है, सारा संसार तुम्हारा अपना ही है. शारदा मां अपने शिष्यों को विरोधी लिंग (opposit sex) के व्यक्ति के अति समीप न होने की कड़ी चेतावनी देती थीं—"भले ही स्वयं भगवान् भी इस रूप में सामने क्यों न आये." रामकृष्ण मां काली की अपनी इष्टदेवी के रूप में कलकत्ते के समीप दक्षिणेश्वर में स्थित मंदिर में उपासना करते थे. वह मंदिर आज भी वहां है.

अध्याय पन्द्रह का सार-- सृष्टि बदलते रहनेवाली है, वह सदा रहने वाली नहीं है. इसका जीवन-काल सीमित है.

ब्रस्म या आत्मा कभी नहीं बदलते. वह शाश्वत है. वह सब कारणों का कारण है. कृष्ण को परब्रस्म या परमात्मा कहा जाता है. वह पूर्ण है क्योंकि उसका कोई मूल नहीं है. परब्रस्म ब्रस्म का मूल है. विश्व की सभी चीज़ें ब्रस्म से आती हैं. ब्रस्मा सृष्टा-शक्ति है. दिखाई देने वाला सारा विश्व और इसके जीव, ब्रस्मा की सृष्टि है. जो विष्णु द्वारा पोषित है और महेश द्वारा उसका संहार होता है.

अध्याय सोलह
देवी और आसुरी गुण

जय : मैं अपनी कक्षा में भिन्न-भिन्न प्रकार के छात्रों से मिलता हूं. दादी मां, विश्व में कितने तरह के लोग हैं?

दादी मां : विश्व में लोगों की केवल दो ही जातियां हैं-- अच्छी और बुरी (गीता 16.06). अधिकांश लोगों में अच्छे और बुरे दोनों प्रकार के गुण होते हैं. यदि तुममें अच्छे गुण अधिक हैं तो तुम्हें अच्छा आदमी कहा जाता है और यदि तुममें बुरे गुणों की अधिक मात्रा है तो तुम्हें बुरा आदमी कहा जायेगा.

जय : यदि मैं अच्छा आदमी होना चाहूं तो मुझमें क्या गुण होने चाहिए?

दादी मां : तुम्हें ईमानदार, अहिंसक, सत्यवादी, अक्रोधी, शान्त, दुर्वचन-हीन, करुण, लोभ-हीन, सज्जन, क्षमाशील और विनम्र होना चाहिये. इन गुणों को देवी गुण भी कहा गया है क्योंकि वे हमें भगवान् की ओर ले जाते हैं.

जय : मुझे कौन सी आदतों से बचना चाहिये?

दादी मां : पाखण्ड, असत्य बोलना, घमण्ड, दम्भ, ईर्ष्या, स्वार्थ, क्रोध, लोभ, कठोरता, कृतघ्नता और हिंसा-- ये दुर्गुण हैं क्योंकि ये हमें भगवान् से दूर ले जाते हैं. दुर्गुण हमें बुरी चीज़ों की ओर भी ले जाते हैं और हमें कठिनाइयों में डालते हैं. जिनमें ये दुर्गुण हैं, उन लोगों के मित्र मत बनो क्योंकि वे नहीं जानते कि उन्हें क्या करना है और क्या नहीं करना है. जिन्होंने तुम्हारी सहायता की है, उनके प्रति सदा आभारी रहो. आभारी न रहना (ungratefulness) एक बड़ा पाप है जिसका कोई प्रायश्चित नहीं है.

काम, क्रोध और लोभ बहुत ही विनाशकारी हैं. भगवान् इन्हें नरक के तीन द्वार कहते हैं. (गीता 16.21)

लोभ किस प्रकार शोक की ओर ले जाता है, इस विषय में एक कथा इस प्रकार है--

21. कुत्ता और हड्डी

एक दिन किसी कुत्ते को एक हड्डी मिल गई. उसने उसे उठाकर मुंह में रख लिया और उसे चबाने के लिए किसी एकान्त जगह में चला गया. वह वहां कुछ समय बैठकर हड्डी चबाता रहा. फिर उसे प्यास लगी. वह मुंह में हड्डी लेकर झरने से पानी पीने के लिए लकड़ी के एक छोटे से पुल पर चला गया.

जब उसने वहां पानी में अपनी परछाई देखी तो उसने सोचा वहां नदी में हड्डी लिए दूसरा कुत्ता है. उसे लोभ हो आया और उसने दूसरी हड्डी भी लेनी चाही. उसने दूसरे कुत्ते से दूसरी हड्डी लेने के लिए भौंकने को अपना मुंह खोला, उसके मुंह से उसकी हड्डी गिरकर पानी में जा गिरी. तब कुत्ते को अपनी ग़लती का अहसास हुआ पर तब तक बहुत देर हो चुकी थी.

लोभ पर विजय पाई जा सकती है. उन चीज़ों से संतुष्ट रहो जो तुम्हारे पास हैं. संतुष्ट व्यक्ति ही सुखी व्यक्ति है. लालची व्यक्ति को जीवन में कभी सुख नहीं मिल सकता.

जय : मैं कैसे जान पाऊंगा कि मुझे क्या करना चाहिये और क्या नहीं करना चाहिये?

दादी मां : अपने शास्त्र— धर्म-ग्रन्थों का अनुसरण करो, जय. हमारे पावन धर्म-ग्रन्थों में ऋषियों और सन्तों ने हमें बताया है कि हम क्या करें और क्या न करें. भगवान् में आस्था रखो और अपने माता-पिता तथा गुरुजनों की बात सुनो.

हमें जितनी सम्भव हो सके, उतनी अच्छी आदतें डालनी चाहिएं. किन्तु ऐसा कोई नहीं जिसमें केवल अच्छी आदतें ही हों और कोई भी बुरी आदत न हो. इस प्रकार के सत्य को रानी द्रौपदी ने अपने अनुभव से कैसे खोजा, इसके बारे में एक कथा इस प्रकार है

22. रानी द्रौपदी की कथा

द्रौपदी पांचों पांडवों की साझी पत्नी थी. वह अपने पूर्व जन्म में एक ऋषि की बेटी थी. वह बहुत सुन्दर और गुणवती थी किन्तु अपने पूर्व जन्म के कर्म के कारण, उसका विवाह नहीं हो सका था. इससे वह बहुत दु:खी रहती थी. उसने भगवान् शिव को प्रसन्न करने के लिए तपस्या करनी शुरू कर दी. लम्बी और कठोर तपस्या से उसने भगवान् शिव को प्रसन्न कर दिया. भगवान् शिव ने मनोवांछित एक वरदान मांगने को कहा. उसने एक ऐसे पति का वरदान मांगा जो अत्यन्त धार्मिक, बलवान्, महा योद्धा, सुन्दर और सज्जन हो. भगवान् शिव ने उसे मनोवांछित वरदान दे दिया.

अपने अगले जन्म में द्रौपदी का विवाह पांच भाइयों के साथ हुआ किन्तु वह इस विचित्र स्थिति से प्रसन्न न थी. द्रौपदी भगवान् कृष्ण की महान् भक्त थी--जो सब जीवों का भूत, वर्तमान और भविष्य जानते हैं. उन्हें उसके दु:ख का पता था. उन्होंने उसे समझाया कि उसने पिछले जन्म में क्या मांगा था. भगवान् कृष्ण ने कहा कि वे सब गुण जो वह अपने पति में चाहती थी, किसी एक व्यक्ति में मिलना असम्भव था, इसीलिए उसका विवाह इस जीवन में पांच पतियों के साथ हुआ जिनमें सबके गुणों को मिलाकर वे सब गुण थे.

स्वयं भगवान् कृष्ण से यह सुनकर द्रौपदी, उसके पिता-माता और उसके पांचों पतियों ने सहर्ष अपना भाग्य स्वीकार किया और वे आनन्द से एक साथ रहने लगे.

इस कथा से यह शिक्षा मिलती है कि किसी भी पति या पत्नी में सब अच्छे या बुरे गुण नहीं मिल सकते, इसलिए व्यक्ति को भाग्य ने जो दिया है, उसके साथ रहना सीखना चाहिये. कोई भी पूर्ण पति या पत्नी नहीं क्योंकि किसी में भी केवल अच्छे गुण ही नहीं होते और कोई भी बुरे गुणों से रहित नहीं है.

अध्याय सोलह का सार—केवल दो ही प्रकार के मानव हैं-- अच्छे या दैवी और बुरे या आसुरी. अधिकांश लोगों में अच्छे-बुरे दोनों गुण होते हैं. आध्यात्मिक विकास के लिए बुरी आदतों से छुटकारा पाना और अच्छी आदतों का डालना आवश्यक है. आत्मज्ञान होने पर सभी बुरे गुण अपने आप भाग जाते हैं जैसे सूर्य के आते ही अन्धकार नहीं रहता.

अध्याय सत्रह
तीन प्रकार की श्रद्धा

जय : दादी मां, मैं कैसे जानूंगा कि मुझे किस प्रकार का भोजन करना चाहिये?

दादी मां : तीन प्रकार के भोजन हैं, जय. (गीता 17.07-10) भोजन, जो दीर्घ आयु, गुण, शक्ति, स्वास्थ्य, प्रसन्नता, आनन्द देते हैं, वे रस-भरे, तरल, सार भरे और पौष्टिक होते हैं. ऐसे स्वाथ्यवर्द्धक भोजन सर्वश्रेष्ठ हैं. वे सात्त्विक या शाकाहारी भोजन कहलाते हैं.

भोजन, जो कड़वे, कसैले, नमकीन, गर्म, तैलपूर्ण और जलन पैदा करने वाले हैं, राजसिक कहलाते हैं. ऐसे तत्त्वहीन भोजन स्वास्थ्यवर्द्धक नहीं हैं, वे बीमारी पैदा करते हैं. उनसे बचना चाहिये.

भोजन, जो ठीक से पकाए नहीं गये हैं, सड़ गये हैं, स्वादहीन हैं, ख़राब हो गये हैं, जल गये हैं, बासी हैं या मांस-मदिरा जैसे अपावन हैं, तामसिक कहलाते हैं. ऐसे भोजन नहीं करने चाहिएं.

जय : मुझे दूसरों से कैसे बोलना चाहिये?

दादी मां : तुम्हें कभी झूठ नहीं बोलना चाहिये. तुम्हारे शब्द कठोर, कड़वे, बुरे या अपमानजनक नहीं होने चाहिएं. वे मीठे, लाभकारी और सच्चे होने चाहिएं. (गीता **17.15**) जो विनम्रता से बोलता है, वह सबका हृदय जीत लेता है और सबका प्रिय होता है. विद्वान् व्यक्ति को सदा सच बोलना चाहिये यदि वह लाभकारी है, और यदि कठोर है तो चुप रहना चाहिये. ज़रूरतमन्द की सहायता करना अच्छी शिक्षा है.

जय : मुझे दूसरों की सहायता कैसे करनी चाहिये?

दादी मां : हमारा कर्तव्य है कि हम उनकी सहायता करें, जो हमसे कम भाग्यशाली हैं और स्वयं की सहायता नहीं कर सकते. जिसको भी ज़रूरत हो, उसकी मदद करो लेकिन बदले में किसी चीज़ की आशा न करो. दान देना न केवल सर्वश्रेष्ठ कर्म है, वरन् धन का एकमात्र सदुपयोग है. हमें अच्छे उद्देश्यों की पूर्ति में सहायता करनी चाहिये. जो दुनिया का है, वह उसे लौटा दो. किन्तु हमारी ज़िम्मेदारियां भी हैं. दान में दिया हुआ धन गैर कानूनी उपायों से कमाया हुआ नहीं होना चाहिये और हमें यह बात पक्के तौर से जान लेनी चाहिये कि दान लेने वाला व्यक्ति दान का उपयोग बुरे कामों के लिए नहीं करेगा. (गीता **17.20-22**)

जय : यदि हम निष्ठा से प्रार्थना करें, तो क्या भगवान् हमें वह वस्तु देंगे, जो हम चाहते हैं?

दादी मां : भगवान् में पूर्ण आस्था के साथ काम करना चाहिए. आस्था से कुछ भी सम्भव हो सकता है. आस्था से अलौकिक चमत्कार होता है. किसी भी काम शुरू करने से पहले हममें भगवान् के प्रति आस्था होनी चाहिये. गीता में कहा गया है कि यदि हमें अपना लक्ष्य (goal, aim) सदा याद रहे और विश्वास के साथ भगवान् से प्रार्थना करें तो हम जो भी होना चाहेंगे, वह बन सकेंगे. (गीता **17.03**) सदा सोचते रहो जो तुम होना चाहते हो और तुम्हारा सपना पूरा हो सकता है.

एक कहानी है जो एक कौवे के बारे में है, जिसमें पूरा विश्वास था.

23. प्यासा कौआ

भयंकर गर्मी का दिन था. एक कौआ बहुत प्यासा था. पानी की खोज में वह जगह-जगह उड़ता फिरा. उसे कहीं भी पानी न मिला. तालाब, नदी, झील--सब सूख गये थे. कुएं में पानी बहुत गहरा था. वह उड़ता रहा, उड़ता रहा. वह थक रहा था तथा और अधिक प्यासा हो रहा था. किन्तु उसने पानी की खोज जारी रखी. उसने हिम्मत न हारी.

अन्त में उसने सोचा कि मृत्यु निकट ही है. उसने भगवान् का ध्यान किया और पानी के लिए प्रार्थना करनी शुरू की. तभी उसने एक घर के पास में पानी का एक घड़ा देखा. उसे देखकर वह बहुत खुश हुआ क्योंकि उसने सोचा घड़े में पानी होना चाहिये. वह घड़े पर बैठ गया और उसमें झांककर देखा. उसकी निराशा की सीमा न रही, जब उसने पाया कि पानी घड़े की तली में था. वह पानी देख सकता था पर उसकी चोंच पानी तक तक नहीं पहुंच सकती थी. वह बहुत दु:खी हुआ और सोचने लगा कि किस प्रकार वह पानी तक पहुंच सकता था. अचानक उसके मनमें एक विचार आया, घड़े के पास ही पत्थरों के टुकड़े पड़े थे. उसने धरती पर पड़े पत्थरों के टुकड़ों को एक-एक करके उठाया और घड़े में डालना शुरू कर दिया. पानी ऊपर उठता गया. जल्द ही कौआ आसानी से पानी तक पहुंच गया. उसने पानी पिया, भगवान् को धन्यवाद दिया और प्रसन्न होकर वह दूर उड़ गया.

इसीलिए कहा गया है, "जहां चाह है, वहीं राह है." कौवे ने वही किया जो हम सबको करना चाहिये. उसने हार नहीं मानी. उसे विश्वास था कि उसकी प्रार्थना ज़रूर सुनी जायेगी.

और एक दूसरी अच्छी कहानी है :

24. खरगोश और कछुआ

कछुआ हमेशा बहुत धीरे चलता है. ऐसे ही एक कछुए का खरगोश मित्र उसकी धीमी चाल पर हंसता था. एक दिन कछुए को अपना अपमान और सहन न हुआ और उसने खरगोश को अपने साथ दौड़ लगाने के लिए ललकारा. जंगल के सारे जानवर उसके इस विचार पर हंसे क्योंकि दौड़ तो प्राय: बराबर वाले जीवों में होती है. एक हिरन ने निर्णायक होने के लिए अपनी सेवाएं अर्पित कीं.

दौड़ शुरू हुई. खरगोश तेजी से दौड़ा. जल्द ही वह कछुए से बहुत आगे निकल गया. चूंकि खरगोश विजय-स्तम्भ के पास व और पास आ रहा था, उसे अपनी

जीत पर पूरा विश्वास था. उसने पीछे की ओर धीरे-धीरे घिसटते कछुए को देखा, जो बहुत पीछे रह गया था.

खरगोश को अपनी विजय का इतना विश्वास था कि उसने सोचा, "मैं पेड़ के नीचे बैठकर कछुए का इन्तज़ार करूंगा. जब वह यहां आ जायेगा, तो मैं तेज भागकर उससे पहले समाप्ति-सीमा को पार कर लूंगा. ऐसा करने पर कछुए को क्रोध आयेगा और कछुए को अपमानित देखने से बड़ा मज़ा आयेगा."

तब खरगोश एक पेड़ के नीचे बैठ गया. कछुआ अब भी बहुत पीछे था. ठंडी हवा धीरे-धीरे बह रही थी. कुछ देर बाद खरगोश की आंख लग गई. जब वह जागा तो उसने कछुए को समाप्ति-रेखा के पार देखा. खरगोश दौड़ में हार गया था. जंगल के सारे पशु खरगोश पर हंस रहे थे. उसने एक मूल्यवान् पाठ सीखा था.

"धीरे, पर दृढ़ता से चलने वाला दौड़ जीतता है." यदि तुम परिश्रम करो और दृढ़विश्वास रखो तो किसी भी काम में सफल हो सकते हो. जो तुम चाहते हो, उसके प्रति उत्साहित रहो और तुम्हें उसकी प्राप्ति होगी. हम अपने विचारों और कामनाओं की ही सृष्टि हैं. विचार हमारे भविष्य के निर्माता हैं. हम वही बन जाते हैं, जिसका हम सदा चिन्तन करते हैं. इसलिए कभी नकारात्मक विचार मन में न आने दो. अपने ध्येय की ओर बढ़ते रहो. आलस, लापरवाही और देरी करने से तुम्हें कुछ नहीं मिलेगा. अपने हृदय में अपने सपने जगाये रखो, वे पूरे होंगे. भगवान् में विश्वास रखने और सफलता में दृढ़ निश्चय से सारी बाधाओं को दूर किया जा सकता है.

किन्तु सफलता का फल दूसरों के साथ बांटा जाना भी चाहिये, यदि तुम दूसरों के सपनों को पूरा करने में सहायता करोगे, भगवान् तुम्हारा सपना भी पूरा करेंगे. एक आदमी के बारे में यह कहानी है जिसने यह सीखा था कि भगवान् उसी की मदद करते हैं, जो स्वयं अपनी मदद करता है.

25. आदमी, जिसने कभी हार न मानी

यव एक ऋषि का बेटा था. वह देवताओं के राजा इन्द्र का आशीर्वाद पाने के लिए भयंकर तपस्या कर रहा था. तपस्या से उसने अपने शरीर को घोर यातना दी. इससे इन्द्र की करुणा उसके प्रति जाग उठी. इन्द्र ने उसे दर्शन दिये और उससे पूछा, " तुम अपने शरीर को यातना क्यों दे रहे हो?"

यव ने उत्तर दिया, "मैं वेदों का महान् विद्वान् होना चाहता हूं. किसी गुरु से वेदों का अध्ययन करने में बहुत

समय लगता है. मैं उनके ज्ञान को सीधे प्राप्त करने के लिए तपस्या कर रहा हूं. आप मुझे आशीर्वाद दीजिये."

इन्द्र मुस्कुराये. उन्होंने कहा, " बेटे, तुम ग़लत मार्ग पर चल रहे हो. घर वापिस जाओ, किसी अच्छे गुरु को खोजो और उसके साथ वेदों का अध्ययन करो. तपस्या ज्ञान का मार्ग नहीं हैं, उसका मार्ग अध्ययन और केवल अध्ययन है." ऐसा कहकर इन्द्र चले गये.

किन्तु यव ने हार न मानी. उसने अपना आध्यात्मिक अभ्यास, तपस्या और भी परिश्रम से जारी रखे. इन्द्र ने फिर उसे दर्शन दिये और पुन: चेतावनी दी. यव ने घोषणा की कि यदि उसकी प्रार्थना न सुनी गई, तो वह एक-एक करके अपने हाथ-पैरों को काटकर आग को समर्पित कर देगा. पर, वह कभी अपना मार्ग नहीं छोड़ेगा. उसने तपस्या जारी रखी. अपनी तपस्या के दौरान एक सुबह जब वह पावन नदी गंगा में स्नान करने गया, तो उसने देखा कि एक वृद्ध पुरुष मुट्ठियों में रेत भर-भर कर गंगा में डाल रहा था.

"वृद्ध पुरुष, आप ये क्या कर रहे हैं?" यव ने पूछा.

वृद्ध पुरुष ने उत्तर दिया, मैं नदी के आर पार एक पुल बनाने जा रहा हूं ताकि लोग आसानी से गंगा पार कर सकें. देखते हो, अभी नदी पार करना कितना कठिन है. लाभदायक काम है, है न?

यव हंसा. उसने कहा, "कैसे मूर्ख हैं आप, आप सोचते हैं कि अपनी मुट्ठी भर रेत से आप इस महान् नदी के आर पार पुल बना देंगे. घर जाओ और कोई लाभदायक काम करो."

वृद्ध पुरुष ने कहा, "क्या मेरा काम तुम्हारे काम से भी अधिक मूर्खता का है, जो तुम अध्ययन करके नहीं, तपस्या से वेदों का ज्ञान प्राप्त करना चाहते हो?"

अब यव को पता चल गया कि वृद्ध पुरुष और कोई नहीं, इन्द्र ही था. यव ने बहुत निष्ठा से इन्द्र से भिक्षा मांगी कि वे उसे व्यक्तिगत आशीर्वाद के रूप में वेदों के ज्ञान का वरदान दें.

इन्द्र ने उसे आशीर्वाद दिया और निम्न शब्दों के साथ सांत्वना भी, "मैं तुम्हें मनोवांछित वरदान देता हूं. जाओ और वेदों को पढ़ो. तुम अवश्य ही विद्वान् बनोगे."

यव ने वेदों का अध्ययन किया और वह वेदों का महान् विद्वान् बना.

सफलता का रहस्य है-- **हर समय उस वस्तु का चिन्तन करना, जिसकी तुम्हें चाह है और जब तक तुम्हें, जो तुम चाहते हो, वह मिल नहीं जाती, हिम्मत न हारो, प्रयत्न न छोड़ो.** देर से शुरू करने, आलस और लापरवाही जैसे नकारात्मक विचारों को अपने मार्ग में न आने दो.

किसी भी काम या अध्ययन को आरम्भ करने से पहले या समाप्त करने पर ब्रह्म के तीन नामों-- ओम्, तत्, सत् -- का जाप करो.

जय : ओम्, तत्, सत् का क्या अर्थ है, दादी मां?

दादी मां : इसका अर्थ है-- केवल कृष्ण, सर्वशक्तिमान् भगवान् ही सब कुछ है. किसी काम या अध्ययन के प्रारम्भ में ओम् का उच्चारण किया जाता है. ओम् तत् सत् या ओम् शान्ति: शान्ति: शान्ति: भी किसी काम के अन्त में कहा जाता है.

अध्याय सत्रह का सार-- भोजन तीन प्रकार के हैं-- सात्त्विक, राजसिक और तामसिक. वे हमारे जीवन पर प्रभाव डालते हैं. सच बोलो किन्तु प्रिय सत बोलो. सुपात्र को दान दो और इस प्रकार दो कि उसका दुरुपयोग न हो. यदि तुम अपने ध्येय को ध्यान में रखकर परिश्रम करोगे, तो तुम वह बनने में सफल होगे, जो तुम बनना चाहते हो.

अध्याय अठारह
कर्त्तापन का त्याग द्वारा मोक्ष

जय : दादी मां, मैं आपके द्वारा प्रयोग में लाये गये विभिन्न शब्दों के बारे में भ्रम में हूं. कृपया मुझे स्पष्ट रूप से समझाइये कि संन्यास और कर्मयोग में क्या अन्तर है?

दादी मां : कुछ लोग सोचते हैं कि संन्यास का अर्थ है परिवार, घर, सम्पत्ति को छोड़कर चले जाना और किसी गुफा, वन अथवा समाज से बाहर किसी दूसरे स्थान पर जाकर रहना. किन्तु भगवान् कृष्ण ने संन्यास की परिभाषा दी है: सब कर्म के पीछे स्वार्थपूर्ण कामना का त्याग. (गीता 6.01, 18.02) कर्मयोग में व्यक्ति अपने कर्म के फल के भोग की स्वार्थपूर्ण कामना का त्याग करता है. इस प्रकार संन्यासी एक कर्मयोगी ही है, जो कोई भी कर्म अपने व्यक्तिगत लाभ के लिए नहीं करता. संन्यास कर्मयोग की ही ऊंची अवस्था है. (गीता 4.38, 5.06)

जय : क्या इसका यह अर्थ है कि मैं स्वयं ऐसा कुछ नहीं कर सकता, जो मुझे आनन्द दे.

दादी मां : यह तो इस बात पर निर्भर करता है कि तुम्हारे मन में किस प्रकार के आनन्द की चाह है. धूम्रपान, मद्यपान, जुआ, नशीली चीज़ों का सेवन आदि जैसे कर्म आरम्भ में आनन्द जैसे लगते हैं, किन्तु अन्त में वे निश्चित ही दुष्परिणाम वाले सिद्ध होते हैं. विष का स्वाद लेते समय शायद अच्छा लगे, पर उसका घातक परिणाम तुम्हें तभी ज्ञात होता है, जब बहुत देर हो चुकी होती है. इसके विपरीत ध्यान-योग, उपासना, ज़रूरतमंद की सहायता जैसे कर्म शुरू में कठिन लगते हैं, पर अन्त में उनका परिणाम बहुत ही लाभदायक होता है. (गीता 5.22, 18.38) पालन करने योग्य एक अच्छा नियम है ऐसे कामों को न करना, जो आरम्भ में सुखदायी लगते हैं, पर अन्त में हानिकारक प्रभाव का कारण बनते हैं.

जय : समाज में किस-किस प्रकार के काम उपलब्ध हैं, दादी मां?

दादी मां : प्राचीन वैदिक काल में मानवों के काम योग्यता पर आधारित चार श्रेणियों में विभाजित किए गये थे. (गीता 4.13, 18.41-44) ये चार विभाजन हैं-- ब्राह्मण, क्षत्रिय, वैश्य और शूद्र. वे व्यक्तियों की मानसिक, बौद्धिक और भौतिक योग्यताओं पर आधारित थे. व्यक्ति की योग्यता ही निर्णायक तत्त्व था-- न कि जन्म या सामाजिक स्थिति जिसमें व्यक्ति जन्मा था. किन्तु गलती से इन वर्णों को भारत या अन्य देशों में आज की जाति व्यवस्था समझ लिया जाता है. जाति-व्यवस्था केवल जन्म पर आधारित है.

जिन लोगों की रुचि अध्ययन, अध्यापन, शिक्षा देने और लोगों का अध्यात्मिक तत्त्वों में मार्गदर्शन करने में थी, वे ब्राह्मण कहलाते थे. जो लोग देश की रक्षा कर सकते थे, कानून और व्यवस्था स्थापित कर सकते थे, अपराधों को रोक सकते थे और न्याय दे सकते थे, वे क्षत्रिय कहे जाते थे. जो लोग खेती, पशु-पालन, वाणिज्य, व्यापार, वित्त कार्यों और उद्योगों में विशेष योग्यता रखते थे, वैश्य नाम से जाने जाते थे. वे लोग जो सेवा और श्रम कार्यों में निपुण थे, शूद्र वर्ण में गिने गये.

लोग कुछ विशेष योग्यता के साथ पैदा होते हैं या शिक्षा और प्रयास द्वारा उस योग्यता का विकास कर सकते हैं. सामाजिक स्तर विशेष वाले परिवार में जन्म लेना, वह ऊंचा हो या नीचा, व्यक्ति की योग्यता का निर्णायक नहीं होता.

चतुर्वर्ण-व्यवस्था का अर्थ था व्यक्ति की निपुणता और योग्यता के अनुसार उसके काम का निश्चय करना. दुर्भा ग्यवश चतुर्वर्ण-विभाजन पतित होकर सैकड़ों रूढ़िग्रस्त

जातियों में बंट गया जिससे महान् धर्म को भी हानि पहुंची. स्वामी विवेकानन्द की मान्यता है कि आधुनिक भारतीय जाति व्यवस्था हमारे महान् धर्म अथवा जीवन-पद्धति के मुख पर एक बड़ा धब्बा है. भारत से आये हमारे कुछ शिक्षित आप्रवासी (NRIs) भी अमेरिका में जाति के आधार पर संस्थाएं बना रहे हैं!!

जय : समाज में रहते हुए और काम करते हुए कोई भी व्यक्ति कैसे मोक्ष प्राप्त कर सकता है?

दादी मां : जब कर्म भगवान् की सेवा के रूप में परिणामों के प्रति स्वार्थपूर्ण आसक्ति के बिना किया जाता है, तो वह उपासना हो जाता है. यदि तुम वह कर्म, जो तुम्हारे अनुकूल हैं, ईमानदारी से करते हो तो तुम कर्मफल से लिप्त नहीं होगे और तुम्हें भगवान् की प्राप्ति होगी.

किन्तु तुम यदि ऐसे काम में लगते हो, जो तुम्हारे लिए नहीं था, तो ऐसा कर्म तनाव पैदा करेगा और तुम्हें उसमें बहुत सफलता नहीं मिलेगी. यह बहुत महत्त्वपूर्ण है कि तुम अपनी प्रकृति के अनुकूल उचित कर्म की खोज करो. इसलिए तुम्हें अपने काम लेने का निर्णय लेने से पहले अपने को जानना चाहिये. (गीता 18.47) तब वह काम तुम्हारे लिए तनाव पैदा नहीं करेगा और रचनात्मक (creative) काम करने की प्रेरणा देगा.

कोई भी काम निर्दोष नहीं है. हर काम में कोई न कोई दोष रहता है. (गीता 18.48) जीवन में अपना कर्त्तव्य (धर्म) करते हुए तुम्हें ऐसे दोषों की चिन्ता नहीं करनी चाहिये. भगवान् के प्रति भक्ति-भाव रखते हुए और आध्यात्मिक अभ्यास के द्वारा अपनी इन्द्रियों को नियंत्रण में रखते हुए अपने कर्त्तव्य (धर्म) का पालन करने से तुम्हें भगवान् की प्राप्ति होगी.

निम्न कथा दर्शाती है कि किस प्रकार निष्ठापूर्वक अपने कर्त्तव्य (धर्म) का पालन करने से व्यक्ति आत्म-ज्ञान प्राप्त कर सकता है.

26. मैं चिड़िया नहीं

कौशिक नाम के एक ऋषि ने अलौकिक दिव्य शक्ति प्राप्त कर ली थी. एक दिन वे ध्यान मुद्रा में एक पेड़ के नीचे बैठे थे. पेड़ की चोटी पर बैठी चिड़िया ने उनके सिर पर बीट कर दी. कौशिक ने उसकी ओर क्रोध से देखा और उनकी क्रुद्ध दृष्टि से तुरन्त चिड़िया की मृत्यु हो गई. ज़मीन पर मरी हुई चिड़िया को गिरा देखकर ऋषि को बड़ी वेदना हुई.

कुछ देर बाद सदा की भांति वे अपने भोजन के लिए भिक्षा मांगने को निकले. वे एक घर के द्वार पर आकर खड़े हो गये. गृहस्वामिनी अपने पति को भोजन कराने में व्यस्त थी. वह शायद बाहर प्रतीक्षा करते हुए ऋषि के बारे में भूल गई थी. पति को भोजन कराके वह भोजन लेकर बाहर आई और बोली, "मुझे दु:ख है, मैंने आपको प्रतीक्षा कराई. मुझे क्षमा करें."

किन्तु कौशिक ने क्रोध से जलते हुए कहा, "देवी जी, तुमने बहुत देर तक मुझसे प्रतीक्षा करवाई. यह ठीक नहीं है."

"कृपया मुझे क्षमा कर दें," महिला ने कहा, "मैं अपने बीमार पति की सेवा में लगी थी. इसीलिए देर हो गई."

कौशिक ने उत्तर दिया, "पति की सेवा करना तो बहुत अच्छा है, किन्तु तुम मुझे घमण्डी स्त्री लगती हो."

स्त्री ने उत्तर दिया, "मैंने आपको प्रतीक्षा कराई क्योंकि में कर्त्तव्यभाव से अपने बीमार पति की सेवा कर रही थी. कृपया मुझसे नाराज़ न हों. फिर मैं कोई चिड़िया तो नहीं, जो आपके क्रोधपूर्ण विचारों से मर जाऊंगी. आपका क्रोध ऐसी स्त्री को कोई हानि नहीं पहुंचा सकता जिसने अपने आपको पति और परिवार की सेवा में समर्पित कर दिया हो.

कौशिक को बहुत आश्चर्य हुआ. वह सोचता रहा कि इस स्त्री को चिड़िया की घटना के बारे में कैसे पता चला.

स्त्री ने अपना कथन जारी रखा. "हे महात्मन्, आपको कर्त्तव्य (धर्म) का रहस्य ज्ञात नहीं, न ही इस बात का ज्ञान है कि क्रोध मानव-मन में रहने वाला सबसे बड़ा शत्रु है. मिथिला (बिहार) प्रदेश में स्थित रामपुर नगर में जाकर व्याध राज से भक्तिपूर्वक अपने कर्त्तव्य (धर्म) पालन का रहस्य सीखिये."

कौशिक उस गांव में गये और व्याधराज नाम के व्यक्ति से मिले. उन्हें यह जानकर आश्चर्य हुआ कि वह एक कसाई की दुकान पर मांस बेच रहा था. कसाई अपने स्थान से उठा. उसने पूछा, "आदरणीय श्रीमन्, आप ठीक तो हैं न? मुझे पता है आप यहां क्यों आये हैं. आइये, घर चलें."

व्याध कौशिक को अपने घर ले गया. कौशिक ने वहां एक सुखी परिवार देखा. उसे यह देखकर घोर आश्चर्य हुआ कि व्याध कितने प्यार और आदर से अपने माता-पिता की सेवा करता है. कौशिक ने उस कसाई से धर्म (कर्त्तव्य) पालन का पाठ सीखा. व्याधराज पशुओं का वध नहीं करता था. वह कभी मांस नहीं खाता था. वह तो पिता के अवकाश ग्रहण करने पर केवल परिवार का व्यापार चला रहा था.

इसके बाद कौशिक अपने घर लौट आये. वहां उन्होंने अपने मां-बाप की सेवा करनी शुरू की अर्थात् उस धर्म का पालन करना जिसकी उन्होंने पहले उपेक्षा कर रखी थी.

इस कथा से हमें यही शिक्षा मिलती है कि तुम ईमानदारी से, जो भी कर्त्तव्य तुम्हें जीवन में मिला है, उसका पालन करते हुए आध्यात्मिक पूर्णता को प्राप्त कर सकते हो. वही भगवान् की सच्ची पूजा है. (गीता 18.46)

भगवान् कृष्ण हम सबके भीतर निवास करते हैं और हमारे अपने कर्म की पूर्ति में हमारा मार्गदर्शन करते हैं. (गीता 18.61) अपना पूरा मन लगाकर कर्म करो और प्रसन्नतापूर्वक प्रभु की इच्छा मानकर परिणाम--सफलता या असफलता--स्वीकार करो. यही परमात्मा को समर्पित होना कहलाता है. (गीता 18.66) आध्यात्मिक ज्ञान का दान सर्वश्रेष्ठ दान है, क्योंकि आध्यात्मिक ज्ञान का अभाव ही विश्व के सब दुष्कर्मों का कारण है. आध्यात्मिक ज्ञान का प्रचार-प्रसार भगवान् कृष्ण की उच्चतम सेवा-भक्ति है. (गीता 18.68-69) सदा रहने वाली शान्ति और सम्पत्ति तभी सम्भव है, जब तुम निष्ठापूर्वक अपने कर्त्तव्य का पालन करो और भगवान् कृष्ण द्वारा श्रीमद् भगवद्गीता में दिये गये आध्यात्मिक ज्ञान का पालन करो. (गीता 18.78)

अध्याय अठारह का सार-- भगवान् कृष्ण ने कहा है कि कर्मयोगी और संन्यासी में कोई वास्तविक अन्तर नहीं है. कर्म योगी कर्म फल के प्रति अपनी स्वार्थपूर्ण आसक्ति का त्याग करता है जबकि संन्यासी अपने किसी भी लाभ के लिए बिल्कुल कर्म नहीं करता. संसार में दो प्रकार के सुख हैं--लाभकारी और हानिकारक. समाज में विभिन्न व्यक्तियों के लिए उनके अनुकूल भिन्न-भिन्न काम हैं. व्यक्ति को अपना कर्म बहुत समझदारी से चुनना चाहिये. समाज में रहते हुए भगवान् की प्राप्ति के लिए कर्त्तव्य, इन्द्रिय-संयम और भगवान् की भक्ति-- इन तीनों का पालन करना चाहिए.

ओम् तत् सत्

आरम्भिक पाठकगण अब आगे पाठ के लिए
www.gita-society.com/pdf/hindi-bluebook.pdf
देखें

ओम् तत् सत्

Made in the USA
San Bernardino, CA
19 June 2018